アイデンティティ経済学と共稼ぎ夫婦の家事労働行動

―理論,実証,政策―

安藤　潤　著

文眞堂

はしがき

　本書は Akerlof and Kranton が提唱するアイデンティティ経済学をフレームワークとして著者がこれまでに行ってきた日本の共稼ぎ夫婦の家事労働行動の実証分析に関する論文をまとめたものである。そもそもの始まりは著者の大学院時代の研究室の後輩である永富隆司国士舘大学政経学部教授（当時は准教授）の呼びかけで共同研究を立ち上げ，そこに参加させていただくことにまでさかのぼる。その後，著者は明治大学の千田亮吉教授，山本昌弘教授，そして塚原康博教授のお招きで運よく2005年度から3年間にわたり明治大学社会科学研究所総合研究「行動経済学の理論と実証」に参加させていただいたが，そこで本書の主要参考文献である *Quarterly Journal of Economics* 誌に掲載されている Akerlof and Kranton の "Economics and Identity" に出会うこととなった。同論文の一節はアイデンティティと家計経済学に割かれており，そこでは夫の家事労働時間分担行動がその家庭外労働時間分担比率の4次関数で表され，しかも同比率が50%を下回って低下しても夫はなかなか家事労働時間分担比率を引き上げようとしないことが例証されていた。「本当にそんな実証結果が出るのか」というのがそのときの正直な感想で，日本の個票データを使って実証できればなかなか面白い研究になるのではないかと思った。同総合研究では2度アンケートを実施し，貴重なデータを得ることができた。

　2010年9月からは新潟国際情報大学からこのテーマで1年間の海外研修に参加できることとなった。研究が深まるにつれ，これが社会学で家事労働におけるジェンダー・ディスプレイと呼ばれていることを知り，海外研修の大半はむしろ経済学というよりは社会学の論文を読みあさることとなった。社会学はいわゆる一般教養科目として学部生時代に履修したことはあるものの，実際にはまったくの素人であり，出会う未知の用語にとまどってばかりであった。海外研修期間中だけでなくそれ以降も公益財団法人家計経済研究所から「消費生活に関するパネルデータ（JPSC）」を，日本版総合的社会調査（JGSS）から

はJGSS-2006「第6回 生活と意識についての国際比較調査」をお借りすることができ，それらをもとに単年データとパネルデータを作成して実証分析を行うことが可能になったのであるが，それまでマクロの経済データしか扱ったことがなく，ミクロ計量経済学の進歩とその速さにただただ驚くばかりで自分の不勉強を嘆くこととなった。

　幸いにも日本語で書いた論文のうち3本については*Japanese Economy*誌に英訳されたうえで掲載されることになったが，それ以外の海外のジャーナルに投稿した際には匿名のレフェリーからは「これは社会学の論文だ。社会学のジャーナルに投稿するのがふさわしい」と何度も突き返される悲哀を味わうことになった。また，掲載された論文を読み返してみると修正点が多く，それら匿名のレフェリーからのコメントも参考にさせていただきながら大幅に加筆・修正して出来上がったのが本書である。

　本書のために新たに執筆した第1章，第2章と第5章を除く各章の初出は以下の通りである。

第2章補論　安藤潤（2013b），「共稼ぎ夫婦の外食・中食利用と家事労働削減——JGSS-2006を用いた実証分析を中心に」『新潟国際情報大学情報文化学部紀要』第16号，pp. 33-51。

第3章　安藤潤（2014），「JPSC2000—2008パネルデータを用いた常勤職で働き稼ぐ妻の家事労働行動に関する実証分析」『新潟国際情報大学情報文化学部紀要』第17号，pp. 65-80。

第4章　安藤潤（2015a），「アイデンティティ経済学と共稼ぎ夫婦の妻の家事労働行動：JPSC2000—2008パネルデータを用いた実証分析」『日本経済政策学会第72回全国大会報告論文集』pp. 1-23。

第6章　安藤潤（2015b），「日本の共稼ぎ夫婦のジェンダー・アイデンティティ喪失と家事労働分担行動におけるジェンダー・ディスプレイに関する実証分析」『新潟国際情報大学国際学部紀要』創刊準備

号，pp. 178-188。

第7章　安藤潤（2013a），「共稼ぎ夫婦の家事労働分担行動に関するジェンダー・ディスプレイ──家事生産アプローチからの実証分析」『新潟国際情報大学情報文化学部紀要』第16号，pp. 21-32。

　なお，第4章は日本経済政策学会誌『経済政策ジャーナル』に投稿し，現在匿名のレフェリーによる査読を受けている。
　本書を出版するに当たり，学部時代と大学院時代の恩師である故諏訪貞夫早稲田大学名誉教授に御礼申し上げたい。諏訪先生からは早く博士論文を書くよう何度も促されながらも結局ここまでずれ込んでしまった。院生時代には厳しく指導していただいたことが本書を構成する論文の執筆と今回の出版につながったことは言うまでもない。海外研修の機会を与えてくれた新潟国際情報大学にも感謝したい。地方の小規模大学では教員数，予算も限られ，なかなか私のように1年間も海外研修に参加させてくれる大学は少ないと聞く。あの1年間がなければ間違いなく本書は出版されていない。ドイツとアメリカでは心身ともにリフレッシュするとともに相当な時間を研究に割くことができた。その意味では最初の4か月を過ごしたハインリッヒ・ハイネ大学デュッセルドルフ現代日本研究所と Annette Schad-Seifert 同研究所教授をはじめとするスタッフのみなさん，コーネル大学経済社会研究センターでディレクターを務められていた Victor Nee 教授と同大学東アジアプログラムのスタッフのみなさんには心から感謝申し上げたい。本書を出版するにあたり平成28年度新潟国際情報大学国際学部出版助成予算を使用させていただいた。この点でも同大学には心より感謝したい。先述したように本書の動機のかなりの部分は明治大学社会科学研究所総合研究「行動経済学の理論と実証」に依るところが大きい。同研究に参加をお許しいただいた同大学の千田亮吉教授，山本昌弘教授，塚原康博教授，きっかけを作ってくれた永冨隆司教授，同研究会と早稲田大学での研究会で貴重なコメントをいただいた松本保美早稲田大学教授をはじめとする参加メンバーにも感謝したい。また，今回の出版をお引き受けいただいた文眞堂社長の前野隆さんにも御礼申し上げたい。12年間の学生時代を過ごした早

稲田鶴巻町の同社から本書を出版することになったのも何かの縁かと思う。

　最後になったが，本書を父・豊と，母・真砂に捧げる。

越後平野を臨みながら

安 藤　　潤

目　次

はしがき ……………………………………………………………………………… i

第1章　アイデンティティ経済学 ……………………………………………… 1

1. 社会的規範と経済行動 ……………………………………………………… 1
   1.1　ホモ・エコノミカスとホモ・ソシオロジカス ……………………… 1
   1.2　合理性と社会的規範 …………………………………………………… 2
2. アイデンティティと経済行動 ……………………………………………… 4
   2.1　人間行動に関するアイデンティティ・モデル ……………………… 4
   2.2　アイデンティティ経済学 ……………………………………………… 5
       2.2.1　効用関数 …………………………………………………………… 5
       2.2.2　プロトタイプ・モデル …………………………………………… 6
       2.2.3　アイデンティティ喪失と夫と妻の家事労働行動 ……………… 9
   2.3　ジェンダー行動規範と家事労働 ………………………………………11

第2章　JPSC2008を用いた共稼ぎ夫婦の家事労働行動 ……………15

1. 序論 …………………………………………………………………………15
2. 先行研究 ……………………………………………………………………16
3. 定式化 ………………………………………………………………………22
4. 実証分析 ……………………………………………………………………24
   4.1　サンプル …………………………………………………………………24
   4.2　変数 ………………………………………………………………………24
   4.3　記述統計 …………………………………………………………………26
   4.4　度数分布表 ………………………………………………………………28
   4.5　実証分析の結果 …………………………………………………………32

| 4.5.1 夫の家事労働行動 ……………………………………………… 32

| 4.5.2 妻の家事労働行動 ……………………………………………… 35

| 5. 結論 ……………………………………………………………………… 39

第2章 補論
共稼ぎ夫婦の外食・中食利用と家事労働削減
──JGSS-2006 を用いた実証分析を中心に── …………………… 41

| 1. 序論 ……………………………………………………………………… 41
| 2. 先行研究 ………………………………………………………………… 42
| 3. 分析のフレームワーク ………………………………………………… 44
| 3.1 サンプル …………………………………………………………… 44
| 3.2 変数 ………………………………………………………………… 45
| 3.2.1 外食・中食需要関数 …………………………………………… 45
| 3.2.2 夫と妻の夕食準備 ……………………………………………… 48
| 4. 実証分析 ………………………………………………………………… 49
| 4.1 記述統計 …………………………………………………………… 49
| 4.2 実証分析の結果 …………………………………………………… 51
| 4.2.1 外食・中食需要関数の推定 …………………………………… 51
| 4.2.2 妻の夕食準備に関する拡張版自治モデルの推定 …………… 54
| 4.2.3 夫の夕食準備に関する拡張版自治モデルの推定 …………… 57
| 5. 結論 ……………………………………………………………………… 59

第3章 JPSC2000－2008 パネルデータを用いた常勤職で
働き稼ぐ夫婦の妻の家事労働行動 ……………………………… 62

| 1. 序論 ……………………………………………………………………… 62
| 2. 先行研究 ………………………………………………………………… 64
| 2.1 Killewald and Gough の自治仮説 ……………………………… 64
| 2.2 ジェンダー・ディスプレイモデルへの懐疑論 ………………… 65
| 3. 定式化 …………………………………………………………………… 66
| 4. 実証分析 ………………………………………………………………… 67

4.1　サンプル …………………………………………………………67
　　4.2　変数 ………………………………………………………………68
　　4.3　記述統計 …………………………………………………………69
　　4.4　度数分布表 ………………………………………………………70
　　4.5　実証分析の結果 …………………………………………………72
　5. 結論 ……………………………………………………………………74

第4章　JPSC2000−2008 パネルデータを用いた共稼ぎ夫婦の妻の家事労働行動 ……………………………………………76

1. 序論 ………………………………………………………………………76
2. 定式化 ……………………………………………………………………77
3. 実証分析 …………………………………………………………………78
　3.1　サンプル ……………………………………………………………78
　3.2　変数 …………………………………………………………………78
　3.3　記述統計 ……………………………………………………………80
　3.4　度数分布表 …………………………………………………………82
　3.5　実証分析の結果 ……………………………………………………84
　　3.5.1　常勤職に就く妻 ………………………………………………84
　　3.5.2　非常勤職に就く妻 ……………………………………………86
4. 結論 ………………………………………………………………………88

第5章　JPSC2000−2008 を用いた Akerlof and Kranton 仮説の検証 ……………………………………………90

1. 序論 ………………………………………………………………………90
2. 定式化 ……………………………………………………………………91
3. 実証分析 …………………………………………………………………91
　3.1　サンプル ……………………………………………………………91
　3.2　変数 …………………………………………………………………92
　3.3　記述統計 ……………………………………………………………93
　3.4　実証分析の結果 ……………………………………………………94

4. 結論 ………………………………………………………………… 95

第6章　日本の共稼ぎ夫婦のジェンダー・アイデンティティ喪失と家事労働分担行動におけるジェンダー・ディスプレイ ……… 98

　　1. 序論 …………………………………………………………………… 98
　　2. 2008年1月実施アンケート調査の結果 …………………………… 99
　　　　2.1　男性 ……………………………………………………………… 99
　　　　2.2　女性 ……………………………………………………………… 106
　　3. 実証分析の結果 ……………………………………………………… 112
　　　　3.1　夫 ………………………………………………………………… 112
　　　　3.2　妻 ………………………………………………………………… 113
　　4. 結論 …………………………………………………………………… 115

第7章　共稼ぎ夫婦の家事労働分担行動に関するジェンダー・ディスプレイ：家事生産アプローチからの実証分析 …… 117

　　1. 序論 …………………………………………………………………… 117
　　2. モデル ………………………………………………………………… 118
　　3. 実証分析 ……………………………………………………………… 122
　　　　3.1　仮説 ……………………………………………………………… 122
　　　　3.2　サンプル ………………………………………………………… 123
　　　　3.3　記述統計 ………………………………………………………… 123
　　　　3.4　実証分析の結果 ………………………………………………… 125
　　　　　　3.4.1　夫 …………………………………………………………… 125
　　　　　　3.3.2　妻 …………………………………………………………… 126
　　4. 結論 …………………………………………………………………… 126

参考文献 …………………………………………………………………………… 128
索引 ………………………………………………………………………………… 133

第1章
アイデンティティ経済学

1. 社会的規範と経済行動

1.1 ホモ・エコノミカスとホモ・ソシオロジカス

　アイデンティティ経済学は Akerlof and Kranton (2000) が *Quarterly Journal of Economics* 誌に掲載された論文で提唱し，効用関数にアイデンティティを組み込むことで標準的な経済理論では十分に説明できない人間行動を説明しようとする新しい経済学である。アイデンティティ経済学からは，経済主体は自らが属する社会的カテゴリー（たとえばジェンダー）のグループ（たとえば男性と女性）に割り当てられた社会的行動規範を逸脱した行動をとった場合に自己の内部に発生する一体感（sense of unity）の崩壊からアイデンティティを喪失することで効用を低下させるため，その社会的行動規範に近づくような行動をとることでアイデンティティの回復とそれを通じた効用最大化をはかると説明され，その分析対象は労働市場分析や家計，教育や組織にまで及び（Akerlof and Kranton 2002, 2005, 2008），経済学に社会学，さらには心理学の要素を組み込んだ学際的な新しい経済学ということができる。

　標準的な経済学で想定されている経済主体はホモ・エコノミカス（Homo Economicus）と呼ばれる。ホモ・エコノミカスは合理的で，自律的で，利己心に満ちた存在，つまり，合理性により導かれ，将来の報酬がどれくらい見込まれるかにより牽引され（成果志向的），様々な環境の変化に適応し，常にどうすればもっと良くなるかを探求し，自制的で利己的な存在である（Elster 1989, p.99）。また，ホモ・エコノミカスは相互に関係を持たない原子化された存在であり，その意思決定は相互の社会的関係に影響を受けず，合理性が想定されて選好にもとづく効用の最大化を動機とする（渡辺 2008, pp.4-6）。

　人間の経済行動を説明する社会科学は経済学だけではない。その1つが社会

学であるが，経済学と社会学では描かれている人間が異なる。社会学で描かれている人間，つまりホモ・ソシオロジカス（Homo Sociologicus）は社会的規範により支配され，環境には敏感に反応せず，たとえ新しくかつ明らかにより良い選択肢が入手可能であったとしても規範化された行動に固執し，社会的諸力にもてあそばれる愚かな生き物として風刺される存在で（Elster 1989, p. 99），原子化されたバラバラな個人ではなく，個人的関係のネットワークの中に存在し，特定の集団や社会的メンバーとして相互行為（interaction）を行う。そのため，ホモ・ソシオロジカスは他者と様々な関係を取り結び，他者の行為から影響を受け，また反対に他者の行為に影響を与える。その経済行動の動機は経済的動機以外にも是認，地位，社交，勢力といった非経済的動機も持つ（渡辺 2008, pp. 4-6）。

また，ホモ・エコノミカスは社会において相互行為を行うが社会から影響は全く受けない生き物として描かれることが多い。その代表例としてしばしば用いられることが多いロビンソン・クルーソーについても，あたかも突如として地上に生まれ，個人の選好と効用関数を持ち，一瞬にして成人になったいわば「マッシュルーム人間」として描かれ，その行動は他人に依存することが一切なく，周りの環境に何ら影響を受けず，社会における他者との相互行為がないので社会的アイデンティティを持っていない（Nelson 1995, p. 135）。

1.2　合理性と社会的規範

ホモ・エコノミカスの特徴の1つである合理的行動は成果志向である。したがって合理性は人間に対して「Yを達成したくばXをせよ」と語りかける。Elster（1989）は社会的規範をそれ自体は成果志向的ではないという特徴により定義づけしている。社会的規範の最も単純なものは「Xをせよ」あるいは「Xをしてはならない」であり，それをより複雑にした行動規範は「もしYをするならXをせよ」，「もし他者がYをするならXをせよ」となり，さらにより複雑な行動規範は「もし皆がXをしたとしてそれが善行であると思われるようであればXをせよ」となる。種々の規範が社会的であるためにはそれらは他者により共有されなければならず，他者による承認と非承認により維持さ

れなければならないこともある。規範はある個人がそこから逸脱しそうな際にこうむる困惑，不安そして羞恥という種々の感情によっても維持されている。ある社会的規範に従っている個人は怒りや憤慨といった様々な明確な感情によって突き動かされることもあるかもしれない。そして社会的規範は道徳的規範，法的規範，慣習的均衡，私的規範といった多くの他のそれとよく似た現象とは異なり，それらと区別されなければならない。たとえば法的規範を創り出すのは法律の専門家であるが，法律の専門家がそうするのは利己心とは関係なく，そうしないと職を失うからである。これに対して社会的規範を創り出してそれに効力を持たせるのは特定の共同体全体のメンバーであり，必ずしも利己心とは無関係とはいえない。また人々がその意志の弱さを克服するために自ら課した様々なルールである私的規範も成果志向ではなく不安感や罪悪感により維持されるが，他者とその規範を共有しないかあるいは必ずしも共有しないので他者の承認や非承認を必要としない点で社会的規範とは異なる。その具体例としては消費規範,「神に対する冒涜」行為への規範，貨幣使用規制規範，互恵規範，報復規範，労働規範，協調規範，所得分配規範などが挙げられる（Elster 1989, pp. 99-101）。このような社会的慣習を逸脱する行動をとる場合，その経済主体にはハラスメントといった社会的な制裁が加えられることも社会的規範の特徴の1つである（Akerlof 1980, Lindbeck and Snower 1988, Lindbeck *et al.* 1997）。

　経済学者はこのような規範や社会的慣習をホモ・エコノミカスの行動に組み込むことに取り組んできた（Akerlof 1980, Lindbeck and Snower 1988, Lindbeck 1995, Lindbeck *et al.* 1997）。Akerlof（1980）は効用関数に財・サービスの消費以外に名声や地域共同体の行動規範への服従・不服従といった要素を組み込み，経済主体がある社会的規範に従わなければ金銭的な利得を得られるにもかかわらず，また，経済主体がそれに従わないことによってその社会的規範がその遵守を求めることに意味があるのだという信仰を徐々に弱体化させていくはずにもかかわらず，社会的慣習に従わない人が増えなかったり長期的に見ればそのような社会的規範はいつか消滅するだろうと信じる人が減ったりするのはなぜかという観点から非自発的失業の存在を説明した。Lindbeck *et al.*（1997）は社会的規範を効用関数に組み込んで家計の勤労規

範，反賃金引下げ規範および貯蓄・消費規範を例に社会的規範が現れ，創られ，そして維持されるメカニズムを説明し，経済主体の経済的誘因と社会的規範が結びつくことがありえることを明らかにしている。

アイデンティティ経済学はこのような先行研究によっており，そこで描かれている個人は規範に影響されるがあくまで合理的に効用最大化行動をとるホモ・エコノミカスである。

2. アイデンティティと経済行動

2.1 人間行動に関するアイデンティティ・モデル

ここでは Akerlof and Kranton (2000) の内容に沿って，アイデンティティを組み込んだ経済分析を紹介する。アイデンティティ経済学は経済学に社会学および心理学を組み込んだ複合領域的研究であり，アイデンティティを経済モデルに組み込み，ゲーム理論的観点から経済主体が効用最大化行動の中でその属するグループの社会的カテゴリーに割り当てられた社会的行動規範に同調するような行動をとることを説明する経済学であり，従来の経済理論では十分に説明できないような様々な経済行動を説明するのを助けてくれる。具体的には次のような4点が挙げられている。第1に，アイデンティティという概念を経済モデルに導入することで，人は自分に不利益となるような，時に自己破滅的行動とさえとらえられるような様々な行動をなぜとるのかを説明することができるようになる。第2に，アイデンティティという概念を導入することで，これまでの経済学では見落とされていた新たなタイプの外部性が存在することを明らかにし，この外部性によって人間の経済行動をよりよく説明することが可能となる。第3に，アイデンティティは，様々な選好の変化を説明することができる。最後に，アイデンティティは人間行動の根幹を成すがゆえに，人がどのアイデンティティを選ぶかを考慮することで，その人の経済的決定を説明できるようになる (Akerlof and Kranton 2000, 2010)。

人間行動に関するアイデンティティ・モデルは，社会的な差異という点から始まる。ここでジェンダーを社会的カテゴリーの例として考えよう。人間の社

会には「男性」と「女性」というジェンダーに関する2つの抽象的な社会的グループが存在する。これら2つのグループは，概念上の2つの異なる属性と，そこから規範化される様々な行動と結びつけられる。すべての人は，「男性」あるいは「女性」のいずれかとしてジェンダー・カテゴリーが割り当てられており，我々のジェンダーに関する様々な行動規範を追及していけば自らのアイデンティティが「男性」にあるのか「女性」にあるのかがわかる。このジェンダーにより決められる様々な行動規範を逸脱する場合，自己の内部はもちろん他人の内部においても不安や不快感といった感情を呼び起こすこととなる。それゆえ，ジェンダー・アイデンティティは，異なる行動から得られる利得を変化させることになる。アイデンティティに関連する様々な人間行動は，第1に人々は自らの行動から得られるアイデンティティを基盤とする利得を持っていること，第2に人々は他人の行動から得られるアイデンティティを基盤とする利得を持っていること，第3に第三者はこれら利得に対して永続的ないくつもの変化を生み出しうること，そして第4に自らのアイデンティティを選択する人もいればその選択をしない人もいることを示唆している。

2.2 アイデンティティ経済学
2.2.1 効用関数

まずここでは Akerlof and Kranton (2000) にしたがってアイデンティティ経済学における効用関数を中心にその理論的フレームワークを紹介しておこう[1]。経済主体は以下のようなアイデンティティ I_j が組み込まれた効用関数 U_j を持っている。

$U_j = U_j(\boldsymbol{a}_j, \boldsymbol{a}_{-j}, I_j)$ (1.1)

$I_j = I_j(\boldsymbol{a}_j, \boldsymbol{a}_{-j}, \boldsymbol{c}_j, \varepsilon_j, \boldsymbol{P})$ (1.2)

上の (1.1) 式において U_j は個人 j の効用であり，この効用 U_j は個人 j の，つまり自己の行動ベクトル $\boldsymbol{a}_j$，他者の行動ベクトル $\boldsymbol{a}_{-j}$，そして個人 j のアイデンティティ I_j に依存する。また (1.2) 式からもわかるように，この個人 j のアイデンティティ I_j はまず第1に個人 j に割り当てられた社会的カテゴリー

---

[1] このフレームワークは第2章補論を除くすべての章で一貫して維持される。

におけるあるグループに関するベクトル c_j に依存して決定される。I_j はある社会的カテゴリー内のグループに社会的地位を与え，より高い社会的地位にあるグループに割り当てられた個人は強化された自己イメージを享受することになる。個人 j のアイデンティティ I_j はまた個人 j の諸特徴 ε_j が社会的カテゴリーにおけるグループの行動規範ベクトル P にどの程度合致しているかにも依存して決定される。そして個人 j のアイデンティティ I_j は個人 j の行動と他者の行動がどの程度行動規範 P に合致しているかによっても決定される。そして個人 j の効用 U_j はアイデンティティ I_j の増加やその損失を通じて上昇したり低下したりする[2]。最も単純なケースでは，個人 j は c_j, ε_j, P および他者の様々な行動を所与として効用 U_j を最大化すべく様々な行動を選択する（Akerlof and Kranton 2000, p. 719）[3]。

2.2.2 プロトタイプ・モデル

まず行動に対する標準的な経済的動機から始める。2つの行動，つまり行動1と行動2を考える。今，各個人が行動1あるいは行動2に嗜好を持つ個々人から集団が構成されているとする。もし行動1（行動2）に嗜好を持つある個人が行動1（行動2）を行うとすれば，その個人は効用 V を得る。自分の選好に合致しない行動を選択する場合，その個人が得る効用は0である。標準的な効用最大化モデルにおいて，各個人は自分の嗜好に合う行動に従事するものと考えられる。

---

[2] Akerlof and Kranton (2000) はアイデンティティ I の増加から派生する効用の上昇を「アイデンティティの利得 (gains in identity)」，アイデンティティ I の減少から派生する効用の低下を「アイデンティティの損失 (losses in identity)」と呼んでいる（Akerlof and Kranton 2000, p. 719）。また，人間の行動がアイデンティティに影響し，そしてそれが我々の利得に変化を与えるルートとして自己の行動，他者の行動，自分とは異なるアイデンティティを選択するかどうかの決定，そして社会的カテゴリーおよびその行動規範の創造や操作の4つを挙げている（Akerlof and Kranton 2000, p. 748）。

[3] Huettel and Kranton (2012) のようにアイデンティティ経済学を脳神経科学と結びつけた「アイデンティティ脳神経経済学 (Identity Neuroeconomics)」へと拡大させる研究もある。ただし，Fine (2009) のようにアイデンティティ経済学に批判的な経済学者もいることには注意が必要である。また，Davis (2007) は Akerlof and Kranton (2000) による社会的アイデンティティを用いて個人的アイデンティティ効用関数 $PI_j = PI_j(U_j(a_j, a_{-j}, I_j))$ を提唱している（Davis 2007, p. 359）。

次にアイデンティティに基づく選好を構築する。今，ある社会的カテゴリーに緑と赤という2つのグループが存在するものとする。社会的カテゴリーを最も単純にそれら2つのグループに分割し，すべての個人が自分とすべての他人は緑というグループに属していると考えていると仮定する。ここで，「緑は行動1に従事すべきである」，対照的に「赤は行動2に従事すべきである」との行動規範を加える。緑に属するある個人が行動1を選択すべきにもかかわらず行動2を選択するならばその個人は「真の」緑ではなくなる。もしある個人がそのような行動を選択するとすれば，その個人は自らのその行動から緑としてのアイデンティティを喪失し，その個人の効用をI_sだけ減少させる。ここで添え字のSは「自己（self）」を表す。これに加えてアイデンティティの外部性が存在する。もし個人iと個人jがペアを組むとする。このとき緑に属する個人iが行動1に従事すべきところを行動2に従事すればそれにより個人jは他者である個人iのその行動から緑としてのアイデンティティを低下させ，効用をI_oだけ喪失することになる。ここで添え字のOは「他者（others）」を表す。個人iが行動2に従事した後，個人jはそれに反応を示す，つまり，費用cを支払って自らのアイデンティティを回復させ，これにともなって個人iの効用をLだけ減少させるかもしれない。

図1.1はAkerlof and Kranton（2000）によるゲーム理論を応用したプロトタイプ・モデルであり，行動1に嗜好を持つ個人1と行動2に嗜好を持つ個人2との間の相互行為を表している。まず個人1が1つの行動を選択する[4]。このモデルでは個人が自らに内部化された法則，つまり規範を逸脱する際に経験する不安（anxiety）が重要である。自らのアイデンティティは自己の内部での一体感を維持するべく，絶えず不安を軽減しようとする。本モデルにおいてまず個人1は自らの選好にもとづく行動1を選択することで効用Vを得つつも，行動1を選択すべき個人2が行動2を選択することで効用I_0を喪失する。また，個人2は自らの選好にもとづく行動2を選択することで効用Vを得つつも，様々な社会的規範を内部化することで行動1を選択すべきにもかか

---

[4] Akerlof and Kranton（2000, 2005）によればある個人がどのような行動をとるべきかは特定の「状況」，つまり，いつ，どこで，どのように，誰と誰との間で，そしてどんな社会的関係の中で出会うかによって決定される。

8　第1章　アイデンティティ経済学

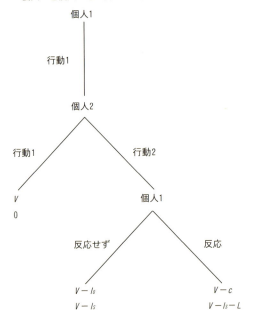

図1.1　個人1と個人2との間の相互行為に関するゲーム・ツリー

(注)　上段と下段はそれぞれ個人1と個人2の効用を表す。
(出所)　Akerlof and Kranton (2000), p. 729.

わらずそれに反して行動2を選択することで効用I_sを喪失するのである。したがって，このような不安を回避するために個人2はその行動の選択を慎むかもしれない。もし個人1が自らのアイデンティティを回復すべく費用cを支払えばその分だけ効用は低下するが個人2の行動による効用の低下$-I_0$は経験せずにすむ。個人2はこの個人1の行動からさらにLだけ効用を喪失することになる。

　自己確認 (identification)，つまり，自己のアイデンティティがどこにあるのかを知ることは規範を内部化する過程において非常に重要な部分を占める。つまり，ある個人はそのアイデンティティにもとづいて様々な規範を身につけるので，その個人は特定の人々の行動には同調するように，しかしそれ以外の人々には同調しないよう行動することになる。もし個人1がこのような自己確認を通じてすでに規範を内部化してしまっている場合には，別の人間がこの規

範を逸脱する行動をとることによって個人1は不安を抱くことになるのである。この不安は効用I_oの損失としてモデル化されており，個人1がそれに対して反応を示せばその個人1のアイデンティティは回復され，その結果，個人1の不安は解消されてその一体感も維持される。この場合，個人1はもはや効用I_oを損失することはないが，費用cを被ることになる。

以上から，図1.1に示されているゲームのサブゲーム完全均衡に関する成果として
① $c<I_o$ および $I_s<V<I_s+L$ のとき，個人1は個人2が行動2を行わないよう抑止する
② $c<I_o$ および $I_s+L<V$ のとき，個人1は反応を示すが，個人2が行動2を行わないよう抑止することはない
③ $c>I_o$ および $I_s<V$ のとき，個人1は反応を示さず，個人2は行動2を行う
④ $I_s>V$ のとき，個人2は個人1が反応を示すかどうかに関わらず行動2を行わない

の4つが考えられる。

2.2.3 アイデンティティ喪失と夫と妻の家事労働行動

Akerlof and Kranton（2000）はミシガン大学が提供している Panel Study of Income Dynamics（PSID）の1983－1992年のデータを用い，夫の家庭外労働時間分担比率はその家庭外労働時間分担比率が100%から徐々に低下していくにしたがって増加していくが，それが50%を下回ってなお低下していくと夫が限界的に引き受ける家事労働時間分担比率の単位数は次第に減少してゆき，夫の家庭外労働時間分担比率が極めて低い水準ではグラフは横軸にほぼ平行になる，つまり，夫はそれ以上引き受ける家事労働時間分担比率を増やそうとはしなくなることをグラフを用いて明らかにしている[5]。次章で詳

---

5 Akerlof and Kranton（2000）では実証分析の結果は示されていないが，その脚注には夫の家事労働時間分担比率を従属変数，その家庭外労働時間分担比率を独立変数とし，夫と妻それぞれの年齢のサンプル平均年齢に対する比率，夫婦の総所得の対数値および総家事労働時間をコントロール変数とする推定式が示されており，この推定式を子どもがいないか末子年齢13歳以上の夫婦，

細に説明されることになるが，夫のこのような行動は家事労働のジェンダー・ディスプレイと呼ばれ[6]，アイデンティティ経済学からは次のように説明される。夫は「男性」というジェンダーに関する社会的カテゴリーを与えられ，したがって家の外での有償労働と家の中での無償の家事労働に関する夫の行動規範は「家の外で働き，稼ぐべきである」と「家事労働を行うべきではない」，妻のそれらは「家の外で働き，稼ぐべきではない」と「家事労働を行うべきである」となる[7]。

このような内部化されたルールとしての行動規範が侵されると夫と妻に認知的不協和を生み出し，自己の一体感を崩壊させて不安を呼び起こす (Davis 2007, p. 351)。この不安は他者との相互行為において繰り返し発生し[8]，個人の自己イメージに様々な困難を創り出すが (Davis 2006, p. 375)，個人のアイデンティティは絶えずこの不安から守られなければならず，そのため個人はこの不安を低減させて自己イメージとの一体感を回復するような行動に出る (Davis 2007, p. 351)。したがって，夫（妻）の家庭外労働時間分担比率の低下（上昇）は夫（妻）が男性（女性）の行動規範を侵していることを意味し，夫と妻はそのアイデンティティを喪失して効用を低下させるため，そのジェンダー行動規範に従うような家事労働行動をとってアイデンティティを回復し，効用を最大化しようとする。その結果，夫（妻）はその家庭外労働時間分担比率の低下（上昇）とともに非弾力的にしか家事労働時間分担比率を増やそう

末子年齢が0-5歳の夫婦，末子年齢が6-13歳の夫婦に分けてトービット・モデルで分析したこと，また，独立変数を夫の相対的所得にした場合の方がこのような夫の家事労働時間分担行動はより鮮明に表れることが述べられている。

6 社会学ではこのような夫や妻の家事労働におけるジェンダー・ディスプレイはジェンダー逸脱中立化 (gender-deviance neutralization)，あるいは補償的ジェンダー・ディスプレイ (compensatory gender display) とも呼ばれる。Greenstein (2000), Bittman et al. (2003), Killewald and Gough (2010) を参照せよ。

7 ジェンダーについては現在ではその行動規範も変わりつつあり，また「男性」と「女性」の2つのカテゴリーだけに分けることもできないことは言うまでもないことである。Akerlof and Kranton (2000) も「ジェンダーに関しては，社会的地位の男女間格差は時間の経過とともに縮小してきたし，行動規範や身体的な理想も変化してきた。ジェンダー・カテゴリーそれ自体が多様化し，複雑化した」(Akerlof and Kranton 2000, p. 720) と述べている。

8 あるグループの中において経済主体が相互行為を繰り返すときに他者への同調 (conformity) が経済主体の行動にどのような影響を及ぼすかについては Bernheim (1994), Cartwright (2009) を参照せよ。

（減らそう）としなくなるのである。このような意味で夫も妻も社会的規範に影響を受ける合理的経済主体ということができる。

2.3　ジェンダー行動規範と家事労働

　ホモ・エコノミカスの行動は社会的規範には左右されず，したがってジェンダー行動規範によっても影響を受けないことになる。Nelson (1995) のように，このホモ・エコノミカスは男性的で，女性の行動を描写するには不十分であると批判しているフェミニスト経済学者もいる。もっとも，彼女は女性らしく，感情豊かで他者とのつながりを持ち，利他的なフェミーナ・エコノミーア (Femina Economia) を作ることではなく，ジェンダーに関係なく，自立と依存の両方を，個体化と関係性の両方を，そして理性と感情の両方を拡張することができる人間行動の概念こそが必要であると主張している (Nelson 1995, p.136)。

　さて，上で述べたように，Akerlof and Kranton (2000) はアイデンティティを経済モデルに組み込み，ジェンダー行動規範の逸脱によるアイデンティティ喪失を通じて効用が低下する状況下での効用最大化行動が夫と妻の家事労働分担行動にどのような影響を与えるかを論じた。従来，ジェンダー行動規範が夫と妻の家事労働分担行動に影響を及ぼすのかは夫もしくは妻のジェンダー役割分業意識に対する態度をスコア化して推定式の中にコントロール変数の1つとして加えることにより実証的に考察されてきたが，先行研究における実証分析の結果は以下のように必ずしも整合的ではない。

　Blair and Lichter (1991) は1998年におけるNational Survey of Families and Household (NSFH) のデータを用い，アメリカの共稼ぎ夫婦を含むすべての家計について，ジェンダー役割分業意識が男性の家事労働時間，家事労働時間分担比率，そして伝統的に「女性の仕事」とされてきた家事労働に関する分担比率と有意な負の相関関係を持つことを発見している[9]。Kamo (1994) はAmerican Couples Surveyと東京都の大都市圏で実施さ

9　Blair and Lichter (1991) が述べているように，その回帰分析の中で用いられているのは家計を構成する両パートナーのジェンダー役割分業意識ではなく，回答者のそれである。

れた社会調査から得られたサンプルを用い，日米の夫婦の家事労働分担行動を比較している。彼の実証分析の結果は，アメリカの夫婦については夫と妻それぞれのジェンダー役割分業意識が夫の家事労働時間分担比率を有意に引き下げること，そして日本の夫婦については妻のそれがやはり夫の家事労働時間分担比率を有意に引き下げ，妻の就業上の地位によってサンプル分割を行なった場合には夫と妻のジェンダー役割分業意識がパートタイムで働く妻を持つ夫の家事労働時間分担比率と有意な負の相関関係を有すること，さらには同様の関係がアメリカの雇用されていない妻を持つ夫についても発見できることを示している。Greenstein（1996）は NSFH の第 1 ウェーブから得られたジェンダー役割分業意識に関するスコアを用いて夫と妻のそれが夫の家事労働時間分担比率だけでなく食事の準備，食事の後片付け，家の掃除，洗濯・アイロンがけ，買い物という伝統的に「女性の仕事」とされてきた 5 つに関する家事労働時間分担比率を有意に引き下げることを発見している。さらに Greenstein（1996）の実証分析の結果は，ジェンダー役割分業意識に最も肯定的な妻と結婚している夫がそれに肯定的であればあるほどその家事労働時間分担比率が有意に引き下げられるわけではなく，むしろ夫がジェンダー役割分業意識に最も否定的である妻と結婚している場合にこそ夫がそれに肯定的であればあるほどその家事労働時間分担比率は有意に引き下げられることを明らかにしている。これら実証分析の結果を受けて彼は，夫と妻がともに比較的にジェンダー役割分業意識に否定的な男女平等主義者でない限り夫はすべての家事労働時間を積極的に分担しようとはせず，このことは上述した伝統的に「女性の仕事」とされてきた家事だけでなく，伝統的に「男性の仕事」とされてきた庭の手入れと自動車の整備，そして「ジェンダー中立的な仕事」とされる光熱費等の料金の支払いと自動車による家族の送迎に関しても同じことが言えると論じている。Greenstein（2000）は NSFH の第 1 ウェーブから得られたともに 65 歳以下の 2,719 組の夫婦をサンプルとし，夫と妻のジェンダー役割分業意識がそれぞれの家事労働時間分担比率にどのような影響を与えるかについて実証分析を行い，その論文の中で用いている 5 つのモデルのうちの 1 つにジェンダー役割分業意識をコントロール変数の 1 つとして加えてはいるが，アメリカの夫と妻のジェンダー役割分業意識とそれぞれの家事労働時間分担比率の間には有意な関

係を見出していない。Parkman（2004）はやはり NSFH の第1ウェーブの結婚もしくは同棲をしているカップルをサンプルとして抽出し、そこから得られたデータを用いてアメリカの妻についてはそれが料金の支払いに関する家事労働時間分担比率と正の相関関係を持つことを、そして夫については食事の準備、皿洗い（食事の後片付け），家の掃除，洗濯およびアイロンがけという5つの家事労働が夫のジェンダー役割分業意識とやはり正の相関関係を持つことを発見している。Cunningham（2005）は 1993 年にアメリカで実施された Intergenerational Panel Study of Parents and Children から得られたデータを用い，異性婚をしている既婚カップルと結婚はしていないが異性同士による共同生活をしているカップルについて男性および女性が初期青年期（18歳時）と後期青年期（31歳時）に持つ男女平等意識に対する肯定的な姿勢が後期青年期の男性の家事労働参加の程度にどのような影響を及ぼすかを考察している。その実証分析の結果は，既婚カップルについては後期青年期にある男性の家事労働参加の程度を有意に高めるのは同期における夫と妻の男女平等意識の高さであり，しかもその影響度は夫の方が大きいこと，これに対して共同生活を営む男女のカップルについては，男性であれ女性であれ，その男女平等意識の高さと男性の家事労働参加の程度とは有意な相関関係が見られないことを示している。Fuwa（2004）は先進 22 か国のジェンダー不平等に関するマクロデータと各国における個票データを用いて階層線形モデル（HML）で分析し，ジェンダー役割分業意識の低い夫婦ほどより平等な家事労働分担を行なっていること，そしてこのことはジェンダー・エンパワーメント指標のより高い国においてより鮮明であることを明らかにしている。Gupta（2007）は NSFH の第2ウェーブから得られたデータを用いてフルタイムで雇用されている既婚女性の家事労働行動を多変量解析により実証的に分析しているが，このような女性のジェンダー役割分業意識に対する肯定的な態度はその家事労働時間と正の相関関係を持つものの有意ではないことを明らかにしている。

　ここで近年における日本の夫婦の家事労働行動とジェンダー役割分業意識に関する先行研究事例についてまとめておこう。松田（2004）は全国家族調査 NFRJ98 における夫と妻それぞれの回答から得られたデータを用いて回答者別に夫の「食事の用意」「洗濯」「風呂のそうじ」の週当たりの参加回数を合計し

てその家事参加回数の合成変数を作成し，夫の家事参加回数の規定要因をトービット・モデルで分析している．その実証分析の結果は，回答者が夫であれ妻であれ，回答者の性別役割分業意識の高さは夫の家事参加回数を有意に引き下げること，そしてライフステージ別にサンプル分割を行った場合には子どもがいない時期と末子が同居しその年齢が 18 歳以上となる時期において夫の性別役割分業意識を肯定する程度の高さは有意にその家事参加回数を引き下げることを明らかにしている[10]．その一方で NFRJ98 の夫のデータを用いてその家事と育児への参加規定要因を分析した松田（2005）では，夫の性別役割分業意識の高さは有意にはその家事参加回数も育児参加回数も引き下げないことが明らかにされている．同じく NFRJ98 における夫と妻からの回答から得られたデータを用いて夫の「食事の用意」「洗濯」「風呂のそうじ」の週当たりの参加回数に関する合成尺度を作成し，共稼ぎ家庭における男性の家事参加規定要因を実証的に分析している石井クンツ（2004）では性別役割分業により否定的な夫はより多く家事に参加するが，妻の性別役割分業を否定する程度が強くてもその夫の家事参加を有意には引き上げないことが示されている．同様にNFRJ98 のデータを用いて夫の育児参加の規定要因を分析した永井（2004）では性別役割イデオロギー説は支持されていない．松田（2006）は NFRJ98 と 2004 年に実施された NFRJ03 のデータを用い，NFRJ98 では夫の性別役割分業意識の高さがその育児参加度を有意に引き下げるのに対して夫の家事参加度を有意には引き下げないこと，そして NFRJ03 では夫の性別役割分業意識の高さはその家事参加度も育児参加度も有意には引き下げないことを明らかにしている．

---

10 ただし松田（2004）で実証分析の結果が示されているのは回答者が夫の場合についてだけである．

第 2 章

JPSC2008 を用いた共稼ぎ夫婦の家事労働行動

1. 序論

　本章の目的はアイデンティティ経済学をフレームワークとして公益財団法人家計経済研究所の「消費に関するパネルデータ」(JPSC) のウェーブ 16 およびウェーブ 17 から得られた 2008 年のデータ（以下，JPSC2008）を用いて日本の共稼ぎ夫婦の夫と妻の家事労働行動の実証分析を行い，政策的インプリケーションを導くことである。

　夫と妻の家事労働行動は主に家族社会学で研究が重ねられてきた。その主な仮説としては経済的取引仮説，ジェンダー・ディスプレイ仮説，自治仮説の 3 つがある。経済的取引仮説では夫も妻もその相対的所得，つまり夫婦の総所得に占める自らの所得の比率が限界的に 1 単位減少するにつれて限界的に一定の単位数の家事労働時間をより多く負担するようになると考えられる。Brines (1994) により提唱されたジェンダー・ディスプレイ仮説では，夫（妻）はその相対的所得が限界的に 1 単位減少（増加）するにつれて家事労働時間を増やしていく（減らしていく）が，その限界的に増やしていく（減らしていく）家事労働時間の単位数を減らしていき，また，場合によっては夫（妻）はその相対的所得が一定の比率を下回った（上回った）瞬間に一転して家事労働時間を減らす（増やす）行動に出ると考えられる。自治仮説は Gupta (2006, 2007, 2009) により提唱され，主にフルタイム雇用で就労する既婚女性あるいはパートナーを持つ女性の家事労働行動を説明する。同仮説によれば，そのような女性の家事労働行動を説明するのは上の 2 つの仮説で考えられている夫もしくは妻の相対的所得ではなく，妻自身の絶対的所得であり，家事労働時間との間に負の線形関係が想定されるため，そのような女性は夫の所得水準に関係なく，所得を限界的に 1 単位稼ぐごとに自分の家事労働時間を限界的に一定の単位数

だけ削減できることになる。

本章では JPSC 2008 を用いて日本の共稼ぎ夫婦の家事労働行動に関し，上記 3 仮説を検証し，実証分析の結果から政策的インプリケーションを導くこととする。

2. 先行研究

夫婦の家事労働行動をその相対的所得，つまり，夫もしくは妻の所得が夫婦の総所得に占める比率により説明しようとするモデルは相対的所得モデルと呼ばれ，その 1 つが相対的資源仮説である。相対的資源仮説は教育歴など家庭外での有償労働において所得を稼ぐための資源を相対的に多く（少なく）持っている方の配偶者が家庭外での有償労働（家事労働）に多くの時間を割くとする仮説である。経済取的引仮説は相対的資源仮説の 1 つであり，所得に関する資源を相対的により多く持つ配偶者がより少ない時間を家事労働に割き，反対に所得に関する資源を相対的により少なく持つもう一方の配偶者がより多くの時間を家事労働に配分するという仮説で，実証分析に用いる推定式は経済的取引モデル，経済従属モデル，あるいはバーゲニングモデルと呼ばれる。同仮説からは夫も妻も自らの相対的所得が限界的に 1 単位減少（増加）するにつれて限界的に一定の単位数の家事労働時間をより多く（少なく）負担するようになると説明され，縦軸に夫（妻）の家事労働時間あるいは家事労働時間分担比率，横軸に夫（妻）の相対的所得をとったとき，それぞれの家事労働行動を表すグラフは右下がりの直線で表される。その主な先行研究には Manser and Brown（1980），McElroy and Horney（1981），そして Lundberg and Pollak（1993）がある。

これに対してジェンダー・ディスプレイ仮説からは，夫（妻）はその相対的所得が限界的に 1 単位減少（増加）するにつれて家事労働時間を増やして（減らして）いくが，その限界的に増やして（減らして）いく家事労働時間の単位数を徐々に減らしていき，また，場合によっては夫（妻）はその相対的所得が一定の比率を下回った（上回った）瞬間に一転して家事労働時間を減らす（増

やす）行動に出ると説明され，縦軸に夫（妻）の家事労働時間あるいは家事労働時間分担比率，横軸に夫（妻）の相対的所得をとったとき，夫（妻）の家事労働行動を表すグラフは上に（下に）凸の 2 次関数で表される。夫と妻の家事労働行動に関するジェンダー・ディスプレイモデルを初めて定式化したのはデューク大学の Brines (1994) で，Panel Study of Income Dyamics (PSID) のウェーブ 20 のデータを用い，経済的取引仮説が妻の家事労働行動を支持しているのに対して夫のそれはジェンダー・ディスプレイ仮説が説明することを明らかにした。この Brines (1994) の研究以降，社会学者や経済学者によりジェンダー・ディスプレイモデルを用いた実証分析が重ねられていった。経済学者では Akerlof and Kranton (2000) がアイデンティティ経済学のフレームワークから PSID の 1983－1992 年のデータを用い，夫の家事労働時間分担比率はその家庭外労働時間分担比率が 100% から徐々に低下していくにしたがって増加していくが，それが 50% を下回ってなお低下していくと夫が限界的に引き受ける家事労働時間分担比率の単位数は次第に減少してゆき，夫の家庭外労働時間分担比率が極めて低い水準ではグラフは横軸にほぼ平行になる，つまり，夫はそれ以上引き受ける家事労働時間分担比率を増やそうとはしなくなることをグラフを用いて明らかにしている。社会学者では Greenstein (2000) が National Survey of Families and Household (NSFH) の 1987－1988 年のデータを用いてアメリカの夫と妻双方の家事労働行動がジェンダー・ディスプレイ仮説により説明されることを，Bittman *et al.* (2003) が 1992 年の Australian National Time-Use Survey (ANTUS) と 1987－1988 年の NSFH のデータを用いてオーストラリアの妻とアメリカの夫の家事労働行動がジェンダー・ディスプレイ仮説により説明されることを，Evertson and Nermo (2004) がスウェーデンについては 1974 年，1981 年，1991 年および 2000 年の Swedish Level of Living Survey (LNU) のデータを，アメリカについては 1973 年，1981 年，1991 年および 1999 年の PSID のデータを用いて比較研究を行い，1981 年，1991 年および 1999 年のアメリカの妻と 1973 年のアメリカの夫の家事労働行動がジェンダー・ディスプレイ仮説により説明されることをそれぞれ明らかにしている。

　これら夫もしくは妻の家事労働行動を，1 乗項だけであろうが 1 乗項と 2 乗

項とであろうが，その相対的所得で説明しようとするモデルは相対的所得モデルと呼ばれる。これに対して，妻の家事労働行動はその相対的所得ではなくその絶対的所得で説明されるとするモデルは絶対的所得モデルと呼ばれる。大規模アンケート調査から得られたデータを用いた家事労働行動の実証分析において使用されるジェンダー・ディスプレイモデルに懐疑的な見解を示し，既婚女性の家事労働時間を説明する変数として夫もしくは妻の相対的所得ではなく，妻の絶対的所得を用いるべきであると主張するのは Gupta (2006, 2007) である。Gupta (2007) は経済的取引モデルであれジェンダー・ディスプレイモデルであれ，主要先行研究におけるその実証分析の結果が必ずしも整合的ではないのは両モデルにおける所得と家事労働との間の関係に関して夫や妻の相対的所得こそが重要なのだと暗に仮定しているという基本的な理論的欠陥を抱えているからであり，両モデルともに既婚女性が家計においてどの程度自律的な経済主体であるかという点を覆い隠していると主張する。その根拠として彼は，女性の所得と家事・育児サービス関連支出に重要なのは夫ではなくむしろ妻の所得であることを実証的に示した Ross (1987)，Oropesa (1993)，Cohen (1998) などを挙げている。これら先行研究の結果は，妻の家事労働時間にとって重要なのは夫が追加的に稼ぎ出す 1 単位の所得ではなく彼女たちが追加的に稼ぎ出す 1 単位の所得の方であることを示唆している[11]。今，妻が 1 万 5,000 ドルを稼ぎ夫が 3 万ドルを稼ぐ夫婦と，妻が 3 万ドルを稼ぎ夫が 6 万ドルを稼ぐ夫婦の 2 組の夫婦を考えよう。もし両方の妻の家事労働時間がそれぞれの夫の所得から等しく影響を受けるのであれば双方の妻ともにそれぞれの夫の半分の所得を稼いでいるという点が重要になってくる。しかし，妻の所得の

---

[11] アメリカにおける夫の家事労働参加について実証的な研究を行った Ross (1987) は，夫の絶対的所得がその家事参加に正の相関関係を有するのに対し，妻の絶対的所得は夫の家事参加に対して負の相関関係を有することを実証的に明らかにしている。Oropesa (1993) は 1990 年のアメリカのデータから，妻の雇用がフルタイムであれパートタイムであれ自宅清掃サービスへの支出のオッズ比は妻の絶対的所得と正の有意な相関関係を有していることを見出している。Cohen (1998) は 1993 年のアメリカのデータから夫と妻の絶対的所得はともに家政婦サービスおよび外食利用率双方に対して正の有意な相関関係を有しているが，その係数は後者については同程度であるのに対し，前者については妻の絶対的所得の係数が夫のそれに比べてほぼ 2 倍の大きさとなっており，夫と妻では家事労働代替財・サービスに対する自らの所得の使い方に違いがあることを明らかにしている。

方が夫の所得よりも妻自身の家事労働時間により大きな影響を及ぼすのであれば2番目の妻は1番目の妻の2倍稼いでいるという点が重要になってくる(Gupta 2007, p.403)。つまり, 妻の相対的所得が同じであっても妻の家事労働時間に与える影響は異なってくるはずである。Gupta (2006) は妻の絶対的所得は夫のそれよりも妻の家事労働時間に数倍大きな影響を及ぼすことを実証的に示し, 妻の家事労働時間を予測するにあたってその相対的所得を独立変数として用いることに大きな疑問を投げかけている。

経済的取引モデルとジェンダー・ディスプレイモデルの第2の理論的欠陥としてGupta (2006, 2007) が挙げているのは, これらモデルが家事労働と所得との間の関係に関する分析にこれまで用いられてきたものの, 両モデルともに妻の絶対的所得とその相対的所得との間の関係を考慮してこなかったという点である。この点は特にジェンダー・ディスプレイモデルにとっては決定的に重要である。というのも, ジェンダー・ディスプレイという視点は夫より多く稼ぐ妻に焦点を当てることからその影響があるのかどうかを見ようとしてはいるが, このような妻は相対的に家計所得水準が低い夫婦に多く存在するため, 相対的に家計所得水準が高い夫婦の, 夫ほどには稼がない妻に比べて多くの時間を家事労働に費やすかもしれないという可能性を見逃しているからである。Gupta (2006) はNSFHの第2ウェーブからのデータを用い, すべてのコントロール変数とともに同モデルを推定した場合, 既婚女性の絶対的所得がその家事労働時間と有意な負の相関関係を持つのに対してそのパートナーの絶対的所得は有意でない負の相関関係を有することを明らかにしている。同様にGupta (2007) はやはりNSFHの第2ウェーブから得られたフルタイム雇用で働く既婚女性の家事労働時間に関するデータを用い, その家事労働行動は妻の相対的所得とともに夫婦の総絶対的所得が独立変数として推定式に組み込まれた場合にはジェンダー・ディスプレイ仮説が支持されるものの, 夫と妻の絶対的所得が別個に独立変数として組み込まれた場合にはもはやジェンダー・ディスプレイ仮説はそのような妻の家事労働行動を説明せず, さらにその推定式から妻の相対的所得とその2乗項を除いた場合にはやはり妻の絶対的所得がその家事労働時間と有意な負の相関関係を持つことを明らかにしている。妻は自ら稼いだ所得をもって市場で家事労働代替財・サービスを購入して外部化

し，その家事労働時間を削減しているというこの考え方から Gupta (2007) はそのような就労する既婚女性の家事労働行動を自治（autonomy）と呼んだ[12]。

さらに Gupta and Ash (2008) は NSFH の第 2 ウェーブにおける 18 歳から 65 歳までの既婚および未婚の異性間カップルからなるサンプルから得られたデータを用い，先行研究において使用されてきたパラメトリック・アプローチから得られた結果とノンパラメトリック・アプローチから得られた結果を比較し，前者ではそのようなカップルの女性の家事労働行動に見せかけのジェンダー・ディスプレイが確認されてしまうこと，そして後者ではそのような女性の家事労働時間はその相対的所得の水準に関係なくその絶対的所得と関連し，彼女たちの絶対的所得が上昇するにつれてその家事労働時間は減少すること，彼女たちの絶対的所得の水準を一定にした場合にはその水準に関係なく彼女たちの相対的所得が 0.5 から上昇してもその家事労働時間はほとんど変化しないこと，これらはともにフルタイム雇用で働く共稼ぎ夫婦からなるサブサンプルでも結論は変わらないことを明らかにしている。

Gupta (2006, 2007) および Gupta and Ash (2008) 以降では Kan (2008) が British Household Panel Survey (BHPS) の 1993 年，1995 年，1997 年，2001 年および 2003 年のデータから得られた 18 歳以上 65 歳以下の結婚をしているか同棲婚をしている異性間カップルのサンプルを用いて最小二乗法 (OLS) によるパネル分析を行い，男性であれ女性であれカップルを構成する男女それぞれの雇用上の地位をダミー変数として用いた場合にはそれぞれの家事労働行動を通じたジェンダー・ディスプレイを支持する証拠は何もないことを明らかにしている。また，Gupta (2009) は 1999 年におけるドイツの German Socio-Economic Panel (GSOEP)，2000 年におけるスウェーデンの LNU，そして 1999 年におけるアメリカの PSID から既婚もしくは同棲中のフルタイムで働く女性のデータを抽出し，妻の相対的所得とその 2 乗項に加え夫婦の総所得を独立変数として用いた場合には，ドイツとアメリカについては

---

[12] Greenwood *et al.* (2005) は妻の所得と家事労働時間の関係を直接分析しているわけではないが，そのシミュレーション結果は耐久消費財の家庭への普及が時間の経過をともなって女性の労働参加を促し，そしてその家事労働を減らしてきたことを明らかにしている。

経済的取引仮説が支持され，スウェーデンについては経済的取引仮説もジェンダー・ディスプレイ仮説も棄却されること，夫婦の総所得の代わりに夫と妻あるいは各パートナーそれぞれの絶対的所得を独立変数に加えた場合ドイツとスウェーデンについては自治仮説が，アメリカについては経済的取引仮説が支持されること，そして独立変数から妻の相対的所得とその2乗項を除いた場合にはいずれの国についても妻の絶対所得が従属変数である妻もしくは女性パートナーの家事労働時間と有意な負の相関関係を持つ，つまり，3か国すべてについて自治仮説が支持されることを明らかにしている。Usdansky and Parker (2011) は2003年から2006年までのアメリカのAmerican Time Use Survey (ATUS) のプールド・データを用い，妻の所得がその家事労働時間と有意な負の相関関係を有していることを明らかにしている。さらにKillewald (2011) はアメリカのHealth and Retire Study (HRS) とConsumption and Activities Mail Survey (CAMS) を用い，家事労働の中から家の掃除と料理に焦点を当て，就労し，子どもとは同居しない50歳前後の夫婦の妻の所得はその掃除と料理それぞれの時間を有意に引き下げることを明らかにしている。

　日本の先行研究としてはUeda (2005) がある。Ueda (2005) はGupta (2006, 2007) に先行して刊行された論文であるので当然のことながら直接的に自治仮説には言及していないが，妻の所得が共稼ぎの妻の家事労働時間にどのような影響を及ぼすかについて実証分析を行っている。その推定結果は，フルタイムで働いていようがパートタイムで働いていようが，妻の所得はその家事労働時間を有意に減らすことはないが，専業主婦も含めたすべてのサンプルを用いた場合には妻の所得はその家事労働時間と有意な負の相関関係を持つこと，また，年齢階級別にサンプルを分割した場合には20代，30代後半，40代，50代において妻の所得がその家事労働時間を有意に引き下げることを明らかにしている。

3. 定式化

本章で推定されるのは以下の3本の式である。

$$HWK_j = \alpha_{0,j} + \alpha_{1,j}X_j + \alpha_{2,j}X_j^2 + \boldsymbol{\beta}_j \boldsymbol{Z} + \varepsilon_{1,j} \quad (2.1)$$

$$HWK_j = \alpha_{0,j} + \alpha_{3,j}Y_h + \alpha_{4,j}Y_w + \boldsymbol{\beta}_j \boldsymbol{Z} + \varepsilon_{2,j} \quad (2.2)$$

$$HWK_j = \alpha_{0,j} + \alpha_{1,j}X_j + \alpha_{2,j}X_j^2 + \alpha_{3,j}Y_h + \alpha_{4,j}Y_w + \boldsymbol{\beta}_j \boldsymbol{Z} + \varepsilon_{3,j} \quad (2.3)$$

ここで HWK は家事労働時間, X は夫もしくは妻の相対的所得, Y_h と Y_w はそれぞれ夫と妻の絶対的所得, $\boldsymbol{Z}$ はコントロール変数を表すベクトル, ε は誤差項である。添え字の j ($j=1, 2$) は1が夫を, 2が妻をそれぞれ表す。(2.1) 式は家事労働行動のジェンダー・ディスプレイモデルである。(2.1) 式の推定結果で α_1 が有意な負かつ α_2 が有意でないときには夫と妻それぞれの家事労働行動として経済的取引仮説が支持される。本章では夫（妻）の場合, α_1 が符号条件を満たすかどうか, あるいはそれが有意であるかどうかに関係なく α_2 が有意な負（正）の場合にはジェンダー・ディスプレイ仮説が支持されていると考える。

(2.2) 式は自治モデルを表している。Gupta (2006, 2007, 2009) が自治モデルを推定した際のサンプルは, フルタイムで働く夫婦の妻もしくは同棲婚をしてパートナーを持つ女性であった。本章では同モデルを非常勤職に就く妻の家事労働行動にも適用する。α_4 が有意な負のとき自治仮説が支持される。これは妻が自ら稼いだ所得をもって家事労働代替財・サービスを市場で購入し, その家事労働時間を削減すると考えることによるものである。α_3 については特に符号条件はないが, 夫の所得と引き換えに妻の家事労働時間を増やすのであれば α_3 は正となり, 夫の所得で家事労働代替財・サービスを市場で購入し, それにより妻の家事労働時間が削減されるのであれば α_3 は負となるものと考えられる。また, 本章ではこの自治モデルを夫の家事労働行動にまで適用して推定する。なぜならば夫も家事をするが, 妻と同様に自らの所得もしくは妻の所得で家事労働代替財・サービスを市場で購入し, 自らの家事労働時間を削減するとも十分に考えられるからであり, 現在では妻が働き稼ぐことで夫との交

渉力を獲得し，夫婦の勢力関係に変化を与え，夫にも家事労働をさせることも容易に考えられるからである。したがって夫の自治モデルの推定では，夫および／もしくは妻の所得が家事労働代替財・サービスの購入に充てられ夫の家事労働時間を軽減するのであれば α_3 と α_4 の符号条件はともに負，妻の所得が夫に家事労働をさせるほどに大きな力を持っているならば α_4 は正となる。

　(2.3) 式は経済的取引モデル，ジェンダー・ディスプレイモデルおよび自治モデルの混合モデルである。Gupta（2007, 2009）は (2.1) 式でジェンダー・ディスプレイ仮説が支持されたとしても，(2.3) 式では妻の相対的所得とその2乗項は有意ではなくなり，その絶対的所得だけが符号条件を満たして有意となることを実証的に明らかにし，これをもって妻，特にフルタイムで働く妻もしくはパートナーを持つ女性の家事労働行動はその相対的所得ではなく絶対的所得が説明すると主張している。本章ではこの (2.3) 式も推定し，Gupta（2007, 2009）の主張に沿って夫と妻の家事労働行動を考察する。

　なお，3つの仮説のうちいずれが支持されるかで政策的インプリケーションは異なってくることになる。経済的取引仮説が支持される場合，妻に偏った家事労働時間を軽減し，ワーク・ライフ・バランスを実現するには夫の所得をはじめ他の事情において等しければ，妻の絶対的所得を上昇させてその相対的所得を引き上げることが求められる。したがって女性の正規雇用の促進，女性の賃金率上昇や同一価値労働同一賃金原則の導入を通じた男女間賃金格差の是正が政府の役割となる。ジェンダー・ディスプレイ仮説が支持される場合には，アイデンティティ経済学の観点から男性および女性に割り当てられた労働あるいは稼得に関するジェンダー行動規範を撤廃することが求められる。妻の家事労働行動が自治仮説により支持される場合にも自らの所得を用いて家事労働の外部化を軽減できるようやはり女性の正規雇用の促進，女性の賃金率上昇や同一価値労働同一賃金原則の導入を通じた男女間賃金格差の是正が政府の役割となる。

4. 実証分析

4.1 サンプル

サンプルはJPSCの2008年（ウェーブ16）のデータを用い，夫婦が同居していること，夫婦ともに20歳以上60歳未満であること，夫と妻がともに働いていることという条件をすべて満たす回答者に限定した。ただし，失業や健康状態などによる短期的な労働および所得に対する影響を取り除くため，夫と妻がともに家事労働時間が0の回答者，夫と妻のうちいずれか一方でも労働時間が0の回答者，夫と妻のうちいずれか一方でも所得が0の回答者をサンプルから除外した。また，既婚者でも夫と妻のいずれかが学生の夫婦と，1つでも無回答および非該当のあった回答者はサンプルから除外されている。JPSCではその各ウェーブで回答している年収が調査時点における前年のものであるため，2008年の夫および妻の年収についてはJPSC2009のウェーブ17から取得した。この結果，最終的にサンプルに残った夫婦の数は妻が常勤職に就く共稼ぎ夫婦243組，妻が非常勤職に就く共稼ぎ夫婦390組の合計633組となった。

4.2 変数

従属変数は夫もしくは妻の平日1日当たり家事育児時間（分）であり，それぞれ「夫生活時間（平日）家事育児」と「本人生活時間（平日）家事育児」を用いた。独立変数は夫もしくは妻の相対的所得とその2乗項，夫と妻それぞれの実質絶対的所得である。夫もしくは妻の相対的所得は夫婦の総所得に占める夫と妻それぞれの所得の割合として定義される。JPSCでは調査時点の前年の年収を質問しているため，各ウェーブの年収に関するデータは1年前のデータであり，本章では回答者が2009年に実施されたJPSCウェーブ17の調査で回答した前年1年間，つまり2008年の夫，妻（本人），および夫婦共通の「年収・勤め先」，「年収・事業」，「年収・社会給付」と「年収・その他」であり，夫と妻それぞれのこれら各種年収を合計し，さらにこの合計金額に夫婦共通のそれら各種年収の50％ずつを加えたものを夫と妻それぞれの名目絶対的所得

として算出して使用する。絶対的所得の実質化に際しては2005年基準のGDPデフレータ（連鎖方式）を用いた[13]。夫もしくは妻の相対的所得はそれぞれの絶対的所得が夫婦の総絶対的所得に占める割合とした。

コントロール変数は，夫と妻それぞれの ① 平日1日当たり労働時間（分），② 教育歴，③ 年齢と，④ 同居する子どもの数，⑤ 同居する子どもなしダミー，⑥ 同居する末子＝未就学児童ダミー，⑦ 同居する末子＝小学生ダミー，⑧ 実母もしくは義母同居ダミー，⑨ 20歳以上の娘同居ダミー，⑩ 常勤職に就く夫ダミー，⑪ 居住地の規模である。①については「夫生活時間（平日）仕事」と「本人生活時間（平日）仕事」が用いられている。時間制約説によれば，本人の家事労働時間は自らの労働時間が長いほど短くなり，配偶者の労働時間が長いほど長くなる。②については「夫最高学歴」と「本人最高学歴」が用いられ，中学校卒業に1，高校を卒業せず入学した専門学校・専修学校卒業に2，高校卒業に3，高校を卒業後に入学した専門学校・専修学校卒業に4，短期大学・高等専門学校卒業に5，4年制大学卒業に6，大学院修了に7が与えられている。教育歴が長いほどジェンダー役割分業に否定的であるとすれば夫（妻）の教育歴の長さはその家事労働時間を増やし（減らし），妻（夫）のそれを減らす（増やす）と考えられる。③，④，⑤，⑧，⑨については「家族1人目」から「家族10人目」までの「続柄」，「性別」，「年齢」，「同居別居」を用いて作成した。⑥と⑦については「末子就学状況」を用いた。③については年齢が高いほどジェンダー役割分業に肯定的であるとすれば夫と妻の年齢の符号条件は夫については負，妻については正と考えられる。⑤については該当する場合には1を，該当しない場合には0を，⑥から⑨については該当する家族が同居している場合には1を，そうでない場合には0を与えている。子どもが同居していない場合は夫と妻の家事労働時間は短くなると考えられるので⑤の符号条件は負である。子どもの数が多いほど，また，未就学児童もしくは小学生の末子がいる場合には夫と妻の家事労働時間は長くなると考えられるので④，⑥および⑦の符号条件はすべて正である。母親もしくは成人し

---

[13] 2005年基準GDPデフレータ（連鎖式）は内閣府経済社会総合研究所国民経済計算部編『国民経済計算年報　平成25年版』より取得した。

た娘が同居している場合には自らの家事労働を代替してくれる可能性があるため，⑧および⑨の符号条件は負である。⑩については夫の「職務」を用い，夫が常勤職に就いている場合には1を，そうでない場合には0を与えた。夫が常勤職で働いている場合にはその帰宅時間が遅くなり，その分だけ家事労働時間が制約を受けると考えられるため，⑩の符号条件は夫については負，妻については正である。⑪については「市郡規模」を用い，「町村」に1，「その他都市」に2，「大都市」に3が与えられている。大都市ほど単位面積当たりの家事労働代替財・サービスの供給量が多いと考えられるので，それを利用している場合には符号は負を示すと考えられる。

4.3 記述統計

推定に使用する変数の記述統計は妻の就業上の地位別に表 2.1 に示されている。夫の家事労働時間の平均値は妻が常勤職に就く場合が 44.86 分，非常勤職

表 2.1 記述統計

変 数	妻=常勤職（n=243）				妻=非常勤職（n=390）			
	最小値	最大値	平均値	標準偏差	最小値	最大値	平均値	標準偏差
夫の平日1日当たり家事労働時間(分)	0.000	410.000	44.856	63.788	0.000	1440.000	34.667	88.650
妻の平日1日当たり家事労働時間(分)	0.000	900.000	203.992 ***	124.257	0.000	1440.000	294.231	154.678
夫の平日1日当たり労働時間(分)	270.000	1020.000	611.358	117.587	360.000	1440.000	612.667	133.014
妻の平日1日当たり労働時間(分)	120.000	1020.000	515.432 ***	98.254	60.000	1000.000	364.872	112.377
夫の実質年収(万円, 2005 年実質価格)	20.683	3248.190	563.126	345.271	4.137	3137.539	541.698	293.501
妻の実質年収(万円, 2005 年実質価格)	18.614	3214.064	355.071 ***	269.459	6.205	827.301	123.134	85.012
夫の相対的所得	0.029	0.946	0.613 ***	0.137	0.047	0.988	0.797	0.123
妻の相対的所得	0.054	0.971	0.387 ***	0.137	0.012	0.953	0.203	0.123
夫の最高学歴	1.000	7.000	4.169 *	1.666	1.000	7.000	3.851	1.570
妻の最高学歴	1.000	7.000	4.272 ***	1.210	1.000	6.000	3.782	1.234
夫の年齢	23.000	59.000	41.037	8.552	23.000	60.000	41.351	7.646
妻の年齢	25.000	49.000	38.663	7.197	24.000	49.000	39.033	6.887
同居する子どもの数	0.000	4.000	1.391 ***	1.044	0.000	6.000	1.685	0.996
子どもなしダミー	0.000	1.000	0.247 ***	0.432	0.000	1.000	0.131	0.338
末子=未就学児童ダミー	0.000	1.000	0.210	0.408	0.000	1.000	0.251	0.434
末子=小学生ダミー	0.000	1.000	0.193 *	0.396	0.000	1.000	0.269	0.444
実母もしくは義母同居ダミー	0.000	1.000	0.309	0.463	0.000	1.000	0.267	0.443
20歳以上の娘同居ダミー	0.000	1.000	0.086	0.282	0.000	1.000	0.067	0.250
夫=常勤職ダミー	0.000	1.000	0.975 **	0.156	0.000	1.000	0.933	0.250
居住地の規模	1.000	3.000	1.872	0.564	1.000	3.000	1.844	0.559

（注）　表中の***，**，*は当該変数の平均値が妻の就業上の違いによりそれぞれ 0.1%，1%，5% で有意に異なることを表している。
（出所）　筆者作成。

に就く場合が 34.67 分で，両者に統計学的な有意差はないが，前者が約 10 分上回っている。妻の家事労働時間の平均値は妻の就業上の地位に関係なくともに 200 分を超えており，常勤職で働いている妻が 203.99 分，非常勤職で働いている妻が 294.23 分で，両者は 0.1％水準で有意差が見られる。有償労働に配分している平均時間は常勤職で働く妻を持つ夫が 611.59 分，非常勤職で働く妻を持つ夫が 612.67 分とほぼ同じで有意差はない。常勤職で働く妻の平均労働時間は 515.43 分で夫のそれより 1 時間半弱短い程度である。これに対して非常勤職で働く妻の平均労働時間は 364.87 分と 6 時間を超えている。ここで家事労働時間と労働時間の平均値の合計を見てみると，妻が常勤職に就いている場合は夫が 656.21 分，妻が 719.42 分と妻が上回っている。妻が非常勤職に就いている場合は夫が 647.33 分，妻が 659.10 分とわずかであるがやはり妻の方が長い。絶対的所得については，常勤職の妻の夫の 2005 年価格の平均実質年収が 563.13 万円，非常勤職の妻の夫のそれが 541.70 万円であり，有意差はない。これに対して妻の平均実質年収は，常勤職で働く妻が 355.07 万円，非常勤職で働く妻が 123.13 万円と大きな開きがあり，実際これらは 0.1％水準で有意差がある。これらは当然のことながら夫の相対的所得の平均値にも反映され，妻が常勤で働いている夫婦の場合が 0.61，非常勤職で働いている場合が 0.80 で，両者は 0.1％水準で有意に異なる。夫と妻それぞれの最高学歴の平均値は妻の就業上の地位で異なり，妻が常勤職の場合には夫が 4.17，妻が 4.27 とともに 4 を超えているのに対し，妻が非常勤職の場合には夫が 3.85，妻が 3.78 と 4 を下回っており，妻の就業上の地位別に見た平均値は夫と妻それぞれに有意差が見られる。平均年齢については妻が常勤職で働いていようが非常勤職で働いていようがほぼ同じで，有意差も見られない。具体的には，常勤職に就く妻を持つ夫の平均年齢は 41.04 歳，妻が 38.66 歳，これに対し非常勤職に就く妻を持つ夫は 41.35 歳，妻が 39.03 歳である。同居する子どもの数では妻が常勤職の場合と非常勤職の場合とで最小値は 0 人で同じだが，最大値が前者については 4 人であるのに対して後者については 6 人であり，平均値も前者が 1.39 人，後者が 1.69 人で有意差が見られる。さらに同居する子どもがいないダミー変数の平均値は妻が常勤職で働く場合には 0.25，非常勤職で働く場合には 0.13 である。これらは妻が常勤職で働く夫婦の 25％が，そして妻が非常勤

職で働く夫婦の 13% が同居する子どもがいないことを意味しており，前者が後者を 10% 超上回って，両者の間には有意差が見られる。未就学児童の末子を持つ夫婦は妻が常勤職の場合で 21%，非常勤職の場合で 25% とあまり差はないが，小学生の末子を持つ夫婦が全体に占める割合については前者が 19%，後者が 27% と有意差が確認される。これら子どもに関するダミー変数の平均値の違いが妻の就業上の地位別に見た場合の夫と妻それぞれの家事労働行動に差を生む可能性はある。母親および 20 歳以上の娘が同居している夫婦の割合は妻が常勤職に就いている夫婦でそれぞれ 31% と 9%，妻が非常勤職に就いている夫婦でそれぞれ 27% と 7% であり，妻の就業上の地位でともに有意差は確認されない。夫が常勤職で働いている夫婦の割合は妻が常勤職で働いている夫婦では 98%，妻が非常勤職で働いている夫婦では 93% と若干の差があり，統計学的にも有意差が確認される。居住地の規模の平均スコアは妻が常勤職の夫婦が 1.87，非常勤職の夫婦が 1.84 で有意差はない。

4.4 度数分布表

常勤職に就く妻を持つ夫の相対的所得の度数分布表は表 2.2 に示されており，その中央値および最頻値はともに 0.5 以上 0.6 未満である。0.4 以上 0.5 未

表 2.2 夫の相対的所得の度数分布表（妻＝常勤職, $n=243$）

階　級	度　数	累積度数	相対度数	累積相対度数
0.0 以上 0.1 未満	1	1	0.004	0.004
0.1 以上 0.2 未満	0	1	0.000	0.004
0.2 以上 0.3 未満	2	3	0.008	0.012
0.3 以上 0.4 未満	10	13	0.041	0.053
0.4 以上 0.5 未満	26	39	0.107	0.160
0.5 以上 0.6 未満	84	123	0.346	0.506
0.6 以上 0.7 未満	58	181	0.239	0.745
0.7 以上 0.8 未満	37	218	0.152	0.897
0.8 以上 0.9 未満	20	238	0.082	0.979
0.9 以上 1.0 未満	5	243	0.021	1.000
1.0	0	243	0.000	1.000
合　計	243	—	1.000	—

（出所）　筆者作成。

表 2.3 夫の家事労働時間の度数分布表（妻＝常勤職, $n=243$）

階　　級	度　数	累積度数	相対度数	累積相対度数
0 分以上 60 分未満	157	157	0.646	0.646
60 分以上 120 分未満	51	208	0.210	0.856
120 分以上 180 分未満	18	226	0.074	0.930
180 分以上 240 分未満	10	236	0.041	0.971
240 分以上 300 分未満	5	241	0.021	0.992
300 分以上 360 分未満	0	241	0.000	0.992
360 分以上 420 分未満	2	243	0.008	1.000
420 分以上	0	243	0.000	1.000
合　　計	243	—	1.000	—

（出所）　筆者作成。

表 2.4 妻の家事労働時間の度数分布表（妻＝常勤職, $n=243$）

階　　級	度　数	累積度数	相対度数	累積相対度数
0 分以上 60 分未満	7	7	0.029	0.029
60 分以上 120 分未満	34	41	0.140	0.169
120 分以上 180 分未満	59	100	0.243	0.412
180 分以上 240 分未満	48	148	0.198	0.609
240 分以上 300 分未満	43	191	0.177	0.786
300 分以上 360 分未満	27	218	0.111	0.897
360 分以上 420 分未満	16	234	0.066	0.963
420 分以上 480 分未満	4	238	0.016	0.979
480 分以上 540 分未満	1	239	0.004	0.984
540 分以上 600 分未満	0	239	0.000	0.984
600 分以上 660 分未満	2	241	0.008	0.992
660 分以上 720 分未満	0	241	0.000	0.992
720 分以上 780 分未満	0	241	0.000	0.992
780 分以上 840 分未満	0	241	0.000	0.992
840 分以上 900 分未満	1	242	0.004	0.996
900 分以上	1	243	0.004	1.000
合　　計	243	—	1.000	—

（出所）　筆者作成。

満までの累積相対度数は 0.160 であり，夫の所得が妻のそれを下回っている夫婦は全体の 16.0% しかいないことがわかる。

　常勤職に就く妻を持つ夫の家事労働時間の度数分布表は表 2.3 に示されてお

り，中央値および最頻値はともに 0 分以上 60 分未満であり，分布は右に歪んでいる。また，60 分以上 120 分未満までの累積相対度数は 0.856 であり，このような夫のうちの 85.6% が家事労働を 2 時間未満しかしていないことがわかる。

他方，常勤職に就く妻の家事労働時間の度数分布表は表 2.4 に示されており，その中央値は 180 分以上 240 分未満，最頻値は 120 分以上 180 分未満である。また，180 分以上 240 分未満までの累積相対度数は 0.609 であり，常勤職に就く妻であってもその 39.1% が家事労働を 4 時間以上していることがわかる。

表 2.5　夫の相対的所得の度数分布表（妻＝非常勤職，n＝2,619）

階　級	度　数	累積度数	相対度数	累積相対度数
0.0 以上 0.1 未満	1	1	0.003	0.003
0.1 以上 0.2 未満	2	3	0.005	0.008
0.2 以上 0.3 未満	0	3	0.000	0.008
0.3 以上 0.4 未満	0	3	0.000	0.008
0.4 以上 0.5 未満	4	7	0.010	0.018
0.5 以上 0.6 未満	19	26	0.049	0.067
0.6 以上 0.7 未満	36	62	0.092	0.159
0.7 以上 0.8 未満	103	165	0.264	0.423
0.8 以上 0.9 未満	150	315	0.385	0.808
0.9 以上 1.0 未満	75	390	0.192	1.000
1.0	0	390	0.000	1.000
合　計	390	―	1.000	―

（出所）　筆者作成。

非常勤職に就く妻を持つ夫の相対的所得の度数分布表は表 2.5 に示されており，その中央値および最頻値はともに 0.8 以上 0.9 未満で，常勤職に就く妻を持つ夫の分布に比べてかなり左に歪んだ分布をしている。0.4 以上 0.5 未満までの累積相対度数は 0.018 であり，夫の所得が妻のそれを下回っている夫婦は全体のわずか 1.8% しかいないことがわかる。

非常勤職に就く妻を持つ夫の家事労働時間の度数分布表は表 2.6 に示されており，その中央値および最頻値はともに 0 分以上 60 分未満であり，妻が常勤職に就く夫と同様に分布は右に歪んでいる。また，60 分以上 120 分未満まで

表 2.6 夫の家事労働時間の度数分布表（妻＝非常勤職, n=390）

階　　級	度　数	累積度数	相対度数	累積相対度数
0分以上60分未満	286	286	0.733	0.733
60分以上120分未満	63	349	0.162	0.895
120分以上180分未満	24	373	0.062	0.956
180分以上240分未満	9	382	0.023	0.979
240分以上300分未満	4	386	0.010	0.990
300分以上360分未満	3	389	0.008	0.997
360分以上	1	390	0.003	1.000
合　　計	390	—	1.000	—

（出所）　筆者作成。

表 2.7 妻の家事労働時間の度数分布表（妻＝非常勤職, n=390）

階　　級	度　数	累積度数	相対度数	累積相対度数
0分以上60分未満	2	2	0.005	0.005
60分以上120分未満	22	24	0.056	0.062
120分以上180分未満	46	70	0.118	0.179
180分以上240分未満	66	136	0.169	0.349
240分以上300分未満	64	200	0.164	0.513
300分以上360分未満	57	257	0.146	0.659
360分以上420分未満	57	314	0.146	0.805
420分以上480分未満	28	342	0.072	0.877
480分以上540分未満	17	359	0.044	0.921
540分以上600分未満	15	374	0.038	0.959
600分以上660分未満	10	384	0.026	0.985
660分以上720分未満	2	386	0.005	0.990
720分以上780分未満	2	388	0.005	0.995
780分以上840分未満	1	389	0.003	0.997
840分以上	1	390	0.003	1.000
合　　計	390	—	1.000	—

（出所）　筆者作成。

の累積相対度数は 0.895 であり，このような夫の 89.5％が家事労働を 2 時間未満しかしていないことがわかる。

　これに対して，非常勤職に就く妻の家事労働時間の度数分布表は表 2.7 に示されており，その中央値は 240 分以上 300 分未満，最頻値は 180 分以上 240 分

未満である。また，240 分以上 300 分未満までの累積相対度数は 0.513 であり，非常勤職に就く妻の 48.7%が家事労働を 5 時間以上負担していることがわかる。

4.5 実証分析の結果
4.5.1 夫の家事労働行動

　トービット・モデルによる常勤職で働く妻を持つ夫の家事労働行動の推定結果は表 2.8 に示されている。(2.1) 式でも (2.3) 式でも夫の相対的所得は有意ではなく，また，その 2 乗項は有意でないばかりか符号条件を満たしていない。したがってこのような夫の家事労働行動としてジェンダー・ディスプレイ仮説は支持されない。それに対して夫の絶対的所得は (2.2) 式および (2.3) 式の両方の推定結果でともに有意な負の相関関係を示しており，その家事労働行動として自治仮説が支持される。なお，妻の絶対的所得は (2.2) 式でも (2.3) 式でも有意な正の係数となっている。

　(2.3) 式の推定結果からコントロール変数についても確認しておこう。夫と妻の労働時間はともに時間制約説の符号条件を満たしている。夫の労働時間が 0.1%水準で有意であり，妻の労働時間は独立変数と弱い正の相関関係を持っている。夫と妻の最高学歴はともに有意ではない。夫の年齢は有意ではないが，妻の年齢については弱い負の相関関係を示している。同居する子どもの数，末子が未就学児童の場合のダミー変数と末子が小学生の場合のダミー変数はすべて有意でこれらは夫の家事労働時間を増やす。しかし同居する子どもがいなくても夫の家事労働時間には影響を与えない。妻もしくは夫の母親が同居している場合には夫の家事労働時間を有意に引き下げるが，20 歳以上の娘の同居は夫の家事労働時間には影響を及ぼさない。常勤職で働く夫に関するダミー変数は有意ではない。居住地の規模は有意な負の相関関係を示している。

　次にトービット・モデルによる非常勤職で働く妻を持つ夫の家事労働行動の推定結果を表 2.9 で確認しよう。夫の相対的所得は (2.1) 式でも (2.3) 式でも有意ではない。また，その 2 乗項は (2.1) 式では符号条件を満たさず有意ではなく，(2.3) 式では有意ではあるがやはり符号条件を満たしていない。夫の絶対的所得の推定係数は (2.2) 式では正，(2.3) 式では負になっており整合

表 2.8 常勤職に就く妻を持つ夫の推定結果（トービット・モデル）

推定式番号	(2.1)		(2.2)		(2.3)	
変数	推定係数	z値	推定係数	z値	推定係数	z値
定数項	231.886	2.031 *	109.572	1.241	150.346	1.264
夫の相対的所得						
1乗項	-269.280	-1.243			-183.939	-0.822
2乗項	123.594	0.704			183.337	1.038
絶対的所得						
夫の年収			-0.083	-3.220 ***	-0.096	-2.534 *
妻の年収			0.066	2.592 **	0.079	2.069 *
労働時間						
夫	-0.255	-4.381 ***	-0.248	-4.340 ***	-0.245	-4.277 ***
妻	0.099	1.446	0.100	1.500	0.109	1.598
最高学歴						
夫	2.766	0.674	3.220	0.783	3.063	0.747
妻	0.887	0.153	2.233	0.386	2.416	0.414
年齢						
夫	0.406	0.277	1.046	0.707	1.066	0.724
妻	-2.304	-1.203	-2.715	-1.418	-2.804	-1.468
子どもの数	25.454	2.726 **	28.532	3.047 **	28.543	3.060 **
同居する子どもなしダミー	22.422	0.784	22.937	0.803	23.549	0.828
末子＝未就学児童ダミー	66.032	2.906 **	65.108	2.899 **	66.596	2.968 **
末子＝小学生ダミー	34.620	1.873 †	31.526	1.716 †	31.871	1.741 †
母親同居ダミー	-29.070	-2.018 *	-34.328	-2.443 *	-32.073	-2.240 *
20歳以上の娘同居ダミー	-2.106	-0.085	1.310	0.053	2.238	0.091
夫・常勤職ダミー	47.711	1.202	47.958	1.215	46.817	1.185
居住地の規模	-20.899	-1.918 †	-19.354	-1.811 †	-20.505	-1.901 †
総サンプル数	243		243		243	
センサーされなかったサンプル数	138		138		138	
χ^2	90.49***		98.05***		99.32***	
Pseudo R^2	0.050		0.054		0.055	

（注）　***，**，*，†はそれぞれ 0.1％，1％，5％，10％で有意であることを表す。
（出所）　筆者作成。

表 2.9 非常勤職に就く妻を持つ夫の推定結果（トービット・モデル）

推定式番号	(2.1)		(2.2)		(2.3)	
変　　数	推定係数	z 値	推定係数	z 値	推定係数	z 値
定数項	122.880	0.742	26.258	0.240	52.791	0.294
夫の相対的所得						
1 乗項	-408.975	-1.144			-432.419	-1.162
2 乗項	356.078	1.357			502.226	1.747 †
絶対的所得						
夫の年収			0.022	0.620	-0.044	-0.821
妻の年収			0.046	0.388	0.290	1.628
労働時間						
夫	-0.234	-3.460 ***	-0.225	-3.298 ***	-0.233	-3.468 ***
妻	0.163	1.831 †	0.095	1.076	0.149	1.643
最高学歴						
夫	-8.420	-1.263	-7.294	-1.058	-8.708	-1.266
妻	9.920	1.211	8.659	1.042	8.680	1.055
年齢						
夫	-0.397	-0.164	-0.420	-0.171	0.114	0.047
妻	-2.836	-0.954	-2.965	-0.977	-3.673	-1.217
子どもの数	-5.718	-0.489	-4.302	-0.363	-4.934	-0.423
同居する子どもなしダミー	-25.205	-0.669	-26.177	-0.689	-27.313	-0.728
末子＝未就学児童ダミー	125.060	3.723 ***	124.838	3.678 ***	121.164	3.610 ***
末子＝小学生ダミー	17.612	0.673	17.113	0.649	16.259	0.622
母親同居ダミー	-19.457	-0.969	-20.034	-0.983	-19.080	-0.945
20 歳以上の娘同居ダミー	-11.114	-0.272	-7.281	-0.178	-3.600	-0.088
夫・常勤職ダミー	54.987	1.525	58.840	1.621	53.820	1.497
居住地の規模	33.177	2.169 *	35.049	2.258 *	35.623	2.314 *
総サンプル数	390		390		390	
センサーされなかったサンプル数	167		167		167	
χ^2	96.17***		94.34***		98.82***	
Pseudo R^2	0.040		0.039		0.041	

（注）　***，*，†はそれぞれ 0.1％，5％，10％で有意であることを表す。
（出所）　筆者作成。

的ではないが，ともに有意ではない。したがってこのような夫の家事労働行動としてジェンダー・ディスプレイ仮説も自治仮説も支持されないことになる。妻の絶対的所得は (2.2) 式では有意ではないが (2.3) 式ではほぼ 10% 水準を満たし，従属変数と正の相関関係を示している。

(2.3) 式の推定結果からコントロール変数についても確認しておこう。夫と妻の労働時間は時間制約説の符号条件を満たし，夫の労働時間は 0.1% 水準で，妻のそれもほぼ 10% 水準で有意である。夫と妻の最高学歴および年齢はすべて有意ではない。子どもに関する変数では末子が未就学児童の場合のみ有意で，それは夫の家事労働時間を引き上げる。同居者内の代替的な人材に関しては母親であろうが 20 歳以上の娘であろうが夫の家事労働時間には影響を及ぼさない。夫が常勤職に就いている場合のダミー変数は，有意ではないが弱い正の相関関係を示している。また，居住地の規模は，常勤職で働く妻を持つ夫とは異なり，推定係数は正である。

4.5.2 妻の家事労働行動

最小二乗法（OLS）による常勤職に就く妻の家事労働行動の推定結果を表 2.10 で確認しよう。妻の相対的所得とその 2 乗項は (2.1) 式ではともに符号条件を満たし，前者が 5% で，後者が 1% で有意でありジェンダー・ディスプレイ仮説を支持している。(2.2) 式では妻の絶対的所得は従属変数と負の相関関係を示してはいるが有意ではなく，自治仮説は棄却される。また，夫の絶対的所得は従属変数と正の相関関係を示しているが 10% 水準でも有意ではない。(2.3) 式では妻の相対的所得の 2 乗項は符号条件を満たしながら有意であるが，その 1 乗項の t 値は 10% 水準でも有意ではないが従属変数と弱い負の相関関係があることを示し，ジェンダー・ディスプレイ仮説を支持している。妻の絶対的所得は (2.2) 式と同様に従属変数と負の相関関係を示しているが有意ではなく，夫の絶対的所得は従属変数と 10% で有意な正の相関関係を持つことを示している。

コントロール変数についても (2.3) 式の推定結果で確認しておこう。夫と妻の労働時間はともに時間制約説の符号条件を満たし，0.1% 水準で有意である。夫と妻の最高学歴と年齢はすべて有意ではない。同居する子どもがいない

表 2.10 常勤職に就く妻の推定結果（OLS）

推定式番号	(2.1)		(2.2)		(2.3)	
変数	推定係数	t 値	推定係数	t 値	推定係数	t 値
定数項	465.523	4.437 ***	396.782	3.834 ***	425.477	3.806 ***
妻の相対的所得						
1 乗項	-413.912	-2.458 *			-264.809	-1.382
2 乗項	564.351	2.729 **			488.126	2.317 *
絶対的所得						
夫の年収			0.033	1.522	0.051	1.753 †
妻の年収			-0.002	-0.075	-0.038	-0.936
労働時間						
夫	0.219	3.594 ***	0.187	3.050 **	0.209	3.430 ***
妻	-0.546	-7.382 ***	-0.533	-7.202 ***	-0.553	-7.439 ***
最高学歴						
夫	-4.105	-0.875	-5.248	-1.098	-4.246	-0.896
妻	-7.713	-1.143	-7.359	-1.074	-8.555	-1.259
年齢						
夫	-0.196	-0.116	-0.551	-0.322	-0.400	-0.236
妻	0.275	0.124	0.873	0.388	0.422	0.189
子どもの数	1.277	0.123	-2.120	-0.199	-1.465	-0.139
同居する子どもなしダミー	-57.673	-1.763 †	-60.043	-1.802 †	-59.402	-1.807 †
末子＝未就学児童ダミー	73.057	2.726 **	76.131	2.814 **	73.659	2.753 **
末子＝小学生ダミー	10.388	0.484	11.151	0.511	13.986	0.649
母親同居ダミー	8.562	0.526	1.050	0.065	9.535	0.587
20 歳以上の娘同居ダミー	-27.188	-1.065	-33.848	-1.316	-27.566	-1.080
夫・常勤職ダミー	44.807	1.041	35.153	0.809	45.703	1.058
居住地の規模	-26.680	-2.165 *	-21.302	-1.732 †	-27.458	-2.228 *
総サンプル数	243		243		243	
F	9.44***		8.94***		8.61***	
$adj\ R^2$	0.358		0.388		0.362	

（注）　***，**，*，†はそれぞれ 0.1%，1%，5%，10%で有意であることを表す。
（出所）　筆者作成。

場合には妻の家事労働時間は有意に減少するが，子どもの数が何人であってもそれには影響しない。末子が未就学児童の場合には妻の家事労働時間は有意に増加する。末子が小学生の場合のダミー変数の推定係数は正ではあるが有意ではない。同居する家族内の家事労働の代替的人材としては母親であろうと20歳以上の娘であろうとともに推定係数は有意ではない。夫が常勤職で働いている場合のダミー変数は有意ではない。常勤職で働く妻を持つ夫と同様に，居住地の規模は大きければ大きいほど妻の家事労働時間を有意に引き下げる。

最後に表 2.11 で OLS による非常勤職に就く妻の家事労働行動の推定結果を確認しておこう。妻の相対的所得とその 2 乗項は (2.1) 式でも (2.3) 式でも符号条件を満たしているがともに有意ではない。よってジェンダー・ディスプレイ仮説は支持されない。夫の絶対的所得は (2.2) 式だけでなく (2.3) 式でも有意ではない。妻の絶対的所得については (2.2) 式では従属変数と有意な負の相関関係を示して自治仮説を支持している。ただし，(2.3) 式では符号条件こそ満たしているものの，t 値が大幅に低下して有意ではなくなっており，Gupta（2007, 2009）の主張とは異なっている。

コントロール変数についても (2.3) 式の推定結果で確認しておこう。夫と妻の労働時間は時間制約説の符号条件を満たしているが，妻の労働時間が有意であるのに対し，夫の労働時間は有意ではない。夫と妻の最高学歴と年齢はすべて有意ではない。常勤職に就く妻と同様に同居する子どもがいない夫婦のダミー変数は有意な負の，未就学児童の末子を持つ夫婦のダミー変数は有意な正の相関関係を，それぞれ従属変数である妻の家事労働時間と持っており，さらに，常勤職に就く妻とは異なり子どもの数の推定係数は有意な正である。小学生の末子を持つ夫婦に関するダミー変数，母親同居に関するダミー変数，そして20歳以上の娘同居に関するダミー変数はすべて有意ではない。夫が常勤職に就く場合には妻の家事労働時間は有意に増加する。居住地の規模は有意ではない。

表 2.11　非常勤職に就く妻の推定結果（OLS）

推定式番号	(2.1)		(2.2)		(2.3)	
変　数	推定係数	t 値	推定係数	t 値	推定係数	t 値
定数項	401.597	4.316 **	348.712	3.888 ***	379.710	3.904 ***
妻の相対的所得						
1 乗項	-189.848	-1.185			-192.013	-0.859
2 乗項	202.236	0.936			197.579	0.831
絶対的所得						
夫の年収			-0.023	-0.850	-0.041	-1.062
妻の年収			-0.188	-1.953 †	-0.120	-0.858
労働時間						
夫	0.045	0.850	0.058	1.117	0.054	1.023
妻	-0.356	-4.800 ***	-0.335	-4.638 ***	-0.318	-4.172 ***
最高学歴						
夫	-0.903	-0.165	2.336	0.417	1.852	0.327
妻	0.482	0.071	1.351	0.199	1.334	0.196
年齢						
夫	0.811	0.399	0.743	0.367	0.865	0.425
妻	-3.287	-1.292	-2.400	-0.938	-2.588	-1.006
子どもの数	23.443	2.447 *	23.518	2.465 *	23.185	2.424 *
同居する子どもなしダミー	-54.115	-1.767 †	-52.967	-1.737 †	-53.289	-1.742 †
末子＝未就学児童ダミー	67.605	2.396 *	68.875	2.447 *	68.278	2.418 *
末子＝小学生ダミー	-5.745	-0.271	-4.308	-0.204	-4.551	-0.215
母親同居ダミー	-2.909	-0.179	-7.083	-0.435	-6.623	-0.406
20 歳以上の娘同居ダミー	-3.355	-0.113	-3.300	-0.113	-3.909	-0.131
夫・常勤職ダミー	46.814	1.655 †	48.626	1.740 †	47.965	1.699 †
居住地の規模	15.234	1.210	13.208	1.049	13.423	1.062
総サンプル数	390		390		390	
F	9.36***		9.64***		8.58***	
adj R^2	0.358		0.344		0.362	

（注）　***，**，*，†はそれぞれ 0.1%，1%，5%，10%で有意であることを表す。
（出所）　筆者作成。

5. 結論

　本章では公益財団法人家計経済研究所の「消費に関するパネルデータ」(JPSC) のウェーブ 16 および 17 から得られた 2008 年のデータを用いて日本の共稼ぎ夫婦の夫と妻の家事労働行動の実証分析を行った。その結果，まず第 1 に，ジェンダー・ディスプレイ仮説が支持されるのは常勤職で働く妻だけであることが明らかにされた。内閣府男女共同参画局編『平成 25 年版男女共同参画白書』では性別役割分業意識を支持する人たちの割合が上昇に転じたことが報告されているが，それでもかつてと比較すればその割合は低下している。このことは日本でもジェンダーという社会的カテゴリーの女性というグループに割り当てられた行動規範が変化しつつあることを意味している。しかし，本章の推定結果は「妻は常勤職で働くべきではない」というジェンダー行動規範が日本社会に存在することを示唆するものであり，このような行動規範を撤廃することが政府の重要な役割であるというのがアイデンティティ経済学からの政策的インプリケーションである。

　第 2 に，妻については非常勤職に就く妻の家事労働行動が自治仮説によって支持されることが明らかにされた。ただし Gupta (2006, 2007, 2009) の主張とは異なり，妻の相対的所得と絶対的所得を同時に用いて推定した場合には自治仮説は非常勤職に就く妻の家事労働行動を説明しない。もしそうであるならば，常勤職で働こうが非常勤職で働こうが，既婚女性の所得を引き上げるような，具体的には女性の賃金率の引き上げや非労働所得を生む資産に女性がよりアクセスできるようになるような政策措置をとっても直接的にはそのような所得は妻の家事労働時間削減にはつながらないことになる。

　第 3 に，夫については常勤職に就く妻を持つ夫の家事労働行動が自治仮説により支持されることが明らかにされた。

　ただし，第 4 に，妻の所得上昇はその就業上の地位に関係なく夫の家事労働時間を増やす効果を持つため，他の事情において等しければ，それによる家事労働時間分担の是正が期待される。このような意味では政府は既婚女性の所得

を上昇させる政策措置をとるべきである。

　最後に，妻が常勤職で働いていようが非常勤職で働いていようが夫の労働時間短縮はその家事労働時間を増やし，妻が常勤職で働いている場合には妻の家事労働時間も削減する。よって夫と妻，中でも常勤職で働いている妻それぞれのワーク・ライフ・バランスの是正を目的として夫の労働時間を削減することも政府の重要な役割となる。

謝辞
　本研究は公益財団法人家計経済研究所から「消費生活に関するパネル調査」の個票データをお借りすることで実現しました。ここに記して感謝いたします。

第2章 補論
共稼ぎ夫婦の外食・中食利用と家事労働削減
―JGSS-2006 を用いた実証分析を中心に―

1. 序論

　本補論では，2006年に実施された日本版総合的社会調査（JGSS）における JGSS-2006「第6回　生活と意識についての国際比較調査」の「基礎集計・コード表：面接調査票」（以下，面接調査票）および「基礎集計・コード表：留置調査票B票」（以下，B票）の男性回答者および女性回答者から同居する共稼ぎ夫婦を抽出し，日本の共稼ぎ夫婦の外食・中食需要関数と夕食準備に関する家事労働行動の拡張版自治モデルを推定することによって，Gupta の自治仮説が主張するように，共稼ぎ夫婦の，夫ではなく妻の所得が外食・中食利用頻度を増やし，それにより妻は自らの家事労働を削減して「自治」を実践できているのかを実証的に明らかにする。JGSS-2006 の B 票を用いるのは，その中に夕食時の家族の外食と中食（弁当および惣菜・冷凍食品）の利用頻度を問う質問が含まれているからである。

　日本では女性の労働参加が増加し，女性の賃金率も徐々に上昇してきた。賃金率の上昇が女性の家事労働時間を削減し，労働市場での労働時間を増加させ，その結果，女性が稼得する所得を増加させて消費可能な財・サービスの購入金額も引き上げることは，家事生産アプローチに基づく消費と時間に関する合理的選択理論が主張するところである。第2章では公益財団法人家計経済研究所の「消費生活に関するパネルデータ」（JPSC）のウェーブ 16 および 17 から得られた 2008 年のデータを用いて日本の共稼ぎ夫婦の夫と妻の家事労働行動の実証分析を行い，Gupta (2006, 2007, 2009) が提唱するパートナーを持つ女性の家事労働行動の拡張版自治モデルを推定し，非常勤職に就く妻の所得

がその家事労働時間と有意な負の相関関係を有するのに対し，常勤職に就く妻の所得はその家事労働時間と有意ではない負の相関関係を持つことを明らかにした。これは，就労する妻が自ら稼いだ所得を用いて財・サービス市場において家事労働代替財・サービスを購入し，自らの家事労働時間を削減して「自治」を実践していることを示唆するものである。実際，日本では女性の労働市場への進出とともに外食・中食サービス産業は拡大し，長らく「女性の家事労働」とされてきた調理の外部化が進展し，巨大なフードシステムの構築に貢献してきた。

ところで，もう一方の配偶者である夫も自ら稼ぐことでその家事労働を削減するのだろうか。第2章では共稼ぎ夫婦の常勤職の妻を持つ夫の所得とその家事労働時間との間に有意な負の相関関係があることを明らかにした。これはともに自ら稼いだ所得で自らの家事労働を削減するのは必ずしも女性だけではないことを意味している。よって本補論の第1の目的は，日本の共稼ぎ夫婦は自ら稼いだ所得をもって家事労働代替財・サービスの1つである外食・中食産業を利用しているのかを明らかにすること，そして第2に，共稼ぎ夫婦の外食・中食産業の利用がそれぞれの家事労働参加回数削減に貢献しているのかを実証的に明らかにすることである。

本補論の構成は次の通りである。第2節では夫と妻の所得と外食・中食産業の利用との関係に関する先行研究が要約される。第3節では分析のフレームワークが，第4節では外食・中食需要関数と，妻と夫の夕食準備に関する拡張版自治モデルの推定結果が示され，最後に結論と政策的インプリケーションが導出される。

2. 先行研究

外食（food away from home）や中食（food at home）に対する家計の需要行動に関する先行研究は主に農業経済学の分野で行われ，それらは所得水準がその需要に影響を及ぼすことを明らかにしてきた。

Yen（1993）は米国労働省労働統計局による1989年のConsumer

Expenditure Survey (CES) から得たデータを用い,就労する妻を持つ夫の総所得,つまり,賃金所得と非賃金所得の合計はその家計が外食する確率および外食への支出と有意な正の相関関係を持つことを実証的に明らかにしている。Nayga and Capps (1994) は 1987-88 National Food Consumption Survey (NFCS) から得られた雇用されている個人 3,640 人と失業中の個人 2,634 人からなる合計 6,274 人の個人をサンプルとし,サンプル全体では個人所得は外食全体の利用回数,レストラン,ファースト・フード店およびその他飲食店それぞれの利用回数と正の相関関係を持っているが,そのうち有意であるのは外食全体だけであること,サンプルを雇用者と失業者に分割した場合には前者の所得が外食全体およびレストランの利用回数と有意な正の相関関係を持っているのに対し,失業者の所得はいずれとも有意な相関関係を持たないことを明らかにしている。Park *et al.* (1996) は 1987-88 NFCS から得られた 3,869 世帯のサンプルを貧困水準を基準に低所得世帯と高所得世帯に分け,外食,牛肉,鶏肉など 12 カテゴリーに分類された食料に対する家計の消費行動に家計所得がどのような影響を与えるかについて実証分析を行っている。その結果は,外食に対する所得弾性値は低所得世帯では 1.12 と 1 を超えてそれが奢侈財であることを表しているのに対し,高所得世帯では外食の所得弾性値は 0.61 と 1 を下回ってそれが通常財であることを表している。Byrne *et al.* (1998) は 1982 年から 1989 年までの National Panel Diary (NPD) Survey から得られたデータを用い,外食に関してその飲食店を NPD の分類方法にしたがって 3 つのタイプの飲食店,つまり客が座って飲食ができるテーブルが店舗内になく,アルコール類をフル・サービス(客が飲食を提供されるだけでなく,飲食後の後片付けまでしてもらえる料理や飲み物の持ち帰りが不可能な飲食サービス)で提供しないクイック・サーヴ (quick-serve) 飲食店,店舗内にテーブルがあり,アルコール類をフル・サービスで提供し,クレジット・カードの利用が可能なアップ・スケール (up-scale) 飲食店,そして店舗内にテーブルはあるがアップ・スケール飲食店のようにアルコールのフル・サービスやクレジット・カード利用が不可能なミッド・スケール (mid-scale) 飲食店に分類し,広義の外食をするかどうかの決定と,それに対する支出水準の決定が何により説明されるのかを実証的に分析している。彼らの推定結果は,

1989年についてのみ焦点を当てるならば，世帯所得の増加はクイック・サーヴ飲食店利用の確率を有意に引き下げるのに対してミッド・スケール飲食店およびアップ・スケール飲食店を利用する確率を有意に引き上げること，そして所得弾性値は1982年から1989年までの8年すべてについて3つのタイプの飲食店すべてでの支出金額と有意な正の相関関係を持つことを明らかにしている。Jekanowski *et al.* (2001)はアメリカ合衆国商務省センサス局が提供する複数のデータ・セットから得られた1982年と1992年の85の大都市のデータを用い，ファースト・フード需要関数を見かけ上無相関の回帰（SUR）により推定している。彼らは1982年にファースト・フードに対する支出金額と5%水準で有意な正の相関関係を持っていた一人当たり所得が1992年にはその正の相関関係は10%水準でも有意ではなくなっていることを明らかにしている。Stewart, *et al.* (2004)はCESの1998年から2000年までのデータを用いたその実証分析の結果から，一人当たり実質家計所得が10%増加すればレストランのような持ち帰りのできない飲食店—彼らが言うところのフル・サービス飲食店—への一人当たり実質支出は6.4%，外食・中食産業へのそれは3.2%増加することを明らかにしている。

3. 分析のフレームワーク

3.1 サンプル

本補論では次のようにして男性回答者と女性回答者のサンプルを抽出した。「夫」については，JGSS-2006「第6回　生活と意識についての国際比較調査」の面接調査票およびB票の男性回答者と女性回答者から，配偶者を持つ勤め人の20歳以上60歳未満の男性と女性を抽出し，労働時間と所得が0の回答者とその配偶者，質問に対し無回答だった回答者，「非該当」を選んだ回答者をサンプルから除いた。また，本人もしくはその配偶者のいずれかが学生か，退職・退官しているか，夫もしくは妻が失業中の回答者もサンプルから除いた。このようにして残った夫と妻を接続してサンプルとした。最終的なサンプル数は共稼ぎ夫婦243組である。

3.2 変数
3.2.1 外食・中食需要関数

　外食・中食需要関数の従属変数は第1に外食利用頻度，第2に中食利用頻度，つまり，弁当および冷凍食品・惣菜の利用頻度の合計，第3に外食と弁当の利用頻度の合計であり，第4に惣菜・冷凍食品の利用頻度である。これらにはB票の「FQFDOUT　食産業の利用：外食」，「FQFDBOX　食産業の利用頻度：弁当」および「FQFDFRZN　食産業の利用頻度：惣菜・冷凍食品」を用いた。第3の従属変数を作成するにあたって外食と中食の利用頻度の合計から惣菜・冷凍食品の利用頻度を除いたのは，外食利用と弁当が夫もしくは妻の夕食準備をほぼ完全に代替してその頻度を引き下げる効果を持つと考えられるのに対し，惣菜・冷凍食品の利用は夫もしくは妻の夕食準備を必ずしも代替せず，むしろ補完し，夕食準備時間を減らしてもその頻度を減らすとは考えられないためである。これら従属変数はカテゴリー変数であるため各利用頻度を算出するに当たり，Kamo (1994) を応用し，「ほぼ毎日」を365回，「週に数回」を185.5回（「1週間に3, 4回」とし，その平均値である3.5回を53週分に換算），「週に1回程度」を53回（週1回を53週分に換算），「月に1回程度」を12回（月1回を12か月分に換算），「年に数回」を7.5回（「年7, 8回」とし，その平均値である7.5回を1年分として採用），「まったくしていない」を0回とした。

　独立変数は，第1に，夫の所得および妻の所得である。夫と妻の所得には面接調査票における「SZINCOMA　本人年収：全体」，「SSSZINCA　配偶者年収：全体」の各階級における中間値を用いた。また，男性回答者の「本人年収：全体」および「配偶者の年収：全体」をそれぞれ夫と妻の所得，女性回答者の「本人年収：全体」および「配偶者の年収：全体」をそれぞれ妻と夫の所得として両者を接続した。夫と妻それぞれが自ら稼いだ所得を用いて外食・中食を利用しているとすれば，符号条件はプラスである。第2の独立変数は夫と妻それぞれの労働時間であり，これらには面接調査票における「XJOBHWK　就労時間／週」および「SSJBHRWK　就労時間数／週（配偶者）」を用い，それらの各階級の中間値を用いて男性回答者と女性回答者の回答から第1の独立変数と同様の方法で「夫の労働時間」と「妻の労働時間」を作成した。家事

労働の時間制約説によれば，夫と妻の労働時間が長くなれば夕食準備への参加をより困難にし，外食・中食の利用を促すと考えられるので，符号条件はプラスである。第3の独立変数は夫と妻それぞれの夕食準備の頻度である。使用したのはB票の「FQ7CKDNR　夕食の用意：頻度（本人）」および「SSFQ7CK　夕食の用意：頻度（配偶者）」である。これらについては従属変数と同様の算出方法で各頻度を求め，その上で第1，第2の独立変数と同様にして男性回答者と女性回答者の回答から「夫の夕食準備頻度」と「妻の夕食準備頻度」を作成した。夫と妻それぞれが自らの夕食準備参加回数を削減するために外食・中食を利用しているとすれば，符号条件はマイナスである。これら独立変数には妻の就業上の地位により，後述するように，妻が常勤職に就いている場合には1を，妻が非常勤職に就いている場合には0を与え，標準化したコントロール変数「妻の就業形態：常勤職」との単純傾斜を作成し[14]，妻の就業形態の違いが外食・中食利用行動に差を生むかを確認することとした。

　コントロール変数として，① 夫と妻の年齢，② 夫と妻の学歴，③ 子どもの数，④ 0～6歳の末子の存在，⑤ 7～12歳の末子の存在，⑥ 20歳以上の娘と同居，⑦ 息子もしくは娘夫婦と同居，⑧ 本人もしくは配偶者の母親と同居，⑨ 回答者の性別役割分業観，⑩ 居住する都市の規模，⑪ 夫の就業形態が常勤，⑫ 妻の就業形態が常勤を用いる。①については面接調査票における「AGEB　年齢」および「SPAGEX　配偶者の年齢」から変数を作成した。もし年齢が高い夫もしくは妻ほど性別役割分業に肯定的で，食事は妻が作るものだとの考え方を持つならば符号はマイナスを示すと考えられる。その一方で，年齢が高いほど徐々に体力的に食事を作るのが難しくなり，外食・中食を利用するようになるとすれば符号はプラスを示すとも考えられる。②については面接調査票における「XXLSTSCH　最終学校（本人）」および「SSLSTSCH　最終学校（配偶者）」から「新制中学校」に1を，「新制高校」に2を，「新制高専」に3を，「新制短大」に4を，「新制大学」に5を，そして「新制大学院」に6を与えて作成した。ただし，夫と妻は必ずしもこれら学校を卒業しているとは

---

[14] 単純傾斜の推定についてはAi and Edward（2003），Norton et al.（2004），Brambor et al.（2006），前田（2008）などを参照せよ。

限らない[15]。夫もしくは妻の学歴が高いほど性別役割分業に否定的で，女性の労働参加に比較的寛容な態度を持ち，食事は必ずしも妻が作らなければならないことはないという考え方を支持する傾向があるとすれば，これら変数の推定係数が示す符号はマイナスとなる。③，④，⑤，⑥，⑦，および⑧すべてについて面接調査票における「FF　(01-09) REL　家族 (1-9)：続柄」，「FF (01-09) AGE　家族 (1-9)：年齢」からデータを作成した。③については，子供の数が多くなるほど食費は増えるのでなるべくそれを節約しようとするならば推定係数の符号はマイナスになると考えられる。反対に，子供の数が多くなるほど夕食準備が負担になり，外食・中食を利用しようとするならば推定係数の符号はプラスとなるものと考えられる。④および⑤については末子年齢が0～6歳の場合および末子年齢が7～12歳の場合には1を，そうでない場合には0をそれぞれ与えた。ともに子どもが未就学，もしくは小学生の場合，食事は親，特に母親が作るべきとの考えを持ち，なるべく外食・中食利用を控えようとするならば，推定係数の示す符号はマイナスと考えられる。⑥については，20歳以上の娘と同居している場合に1，そうでない場合には0を与えた。同様に，⑦については息子もしくは娘夫婦と同居している場合には1を，そうでない場合には0を，⑧については本人もしくは配偶者の母親と同居している場合には1を，そうでない場合には0を与えた。同居する20歳以上の娘は親の夕食準備を代替するものと考えられるので，外食と弁当の利用を減らすものと考えられるため，予想される推定係数の符号はマイナスであるが，娘が親の夕食準備を代替するとしても中食については夕食準備を補完するとも考えられるため，惣菜・冷凍食品の利用を含めた従属変数で推定した場合には，この変数が示す符号は必ずしもマイナスとは言えない。このことについては子ども夫婦との同居，母親との同居についても同様である。⑨については，B票の「Q7WWHHX　性別規範：性役割規範」を用い，「強く反対」に1を，「反対」には2を，「どちらかといえば反対」には3を，「どちらともいえない」には4を，「どちらかといえば賛成」には5を，「賛成」には6を，そして「強

---

[15] 質問票では回答者本人に対してこれら学校を卒業したかどうかを問う質問があるが，配偶者のそれについての質問はないため，夫と妻それぞれが最終的に卒業した学校を変数に用いることはできなかった。

く反対」には7をそれぞれ与えた。回答者が性別役割分業意識に肯定的であればあるほど食事は妻が作るものとの考え方を支持する傾向があると考えられるので符号条件はマイナスである。⑩については面接調査票における「SIZE 市郡規模」(以下，都市の規模)を用い，「町村」に1を，「人口20万人未満の都市」に2を，「人口20万人以上の都市」に3を，そして「大都市」に4をそれぞれ与えた。都市の規模が大きいほど単位面積当たりの外食・中食を提供する店舗数が多く，それらへのアクセスはそれだけ容易になるものと考えられるので，この変数についての符号条件はプラスである。⑪および⑫については，面接調査票における「TPJOB　就労形態」および「SSTPJOB　就労形態(配偶者)」から「経営者・役員」，「自営業者・自由業者」，「家族従業者」を除き，「常時雇用の一般従業者」に1，「臨時雇用(パート・アルバイト・内職)，「派遣社員」に0を与えた。妻の就業形態については上述したように各独立変数との単純傾斜を作成して推定式に加えるので，多重共線性が発生することが予想される。したがってその発生を抑制するために，この変数については平均0，標準偏差1となるよう標準化した。夫も妻も常勤職に就いていれば非常勤職に就いている夫や妻よりも労働時間が長く，夕食準備に配分できる時間は少なくなり，外食・中食の利用が多くなると考えられるので，それぞれ符号条件はプラスである。

3.2.2　夫と妻の夕食準備

　夫と妻それぞれの夕食準備行動を分析するための推定式は，その家事労働行動を分析した第2章で示された拡張版自治モデルである。外食・中食需要関数の推定で用いられる各変数が本モデルでも従属変数，独立変数およびコントロール変数として用いられる。したがって従属変数は夫と妻それぞれの夕食準備頻度である。独立変数は本人と配偶者それぞれの所得，労働時間，配偶者の夕食準備，そして外食・中食利用頻度である。夫も妻も自ら所得を稼ぎ，その所得を用いて外食・中食を利用し，自らの夕食準備の頻度を減らしているとすれば，自らの所得の符号条件はマイナスである。配偶者の所得は，一方において，夫もしくは妻の外食・中食利用がその配偶者の所得に依存して行われる場合にはマイナスの符号を示すものと考えられる。特に非常勤職の妻の外食・中

食利用については，その所得水準が夫のそれよりも低いと想定されるので，妻が夫の所得にアクセスできる場合には符号条件はマイナスと考えられる。他方において，夫もしくは妻の配偶者の所得は夫婦の勢力関係を反映するとも考えることができる。したがって夫と妻のうちより大きな勢力を持つ配偶者の所得はその配偶者の夕食準備頻度の推定においてプラスの符号を示すことも考えられる。家事労働の時間制約説から，自らの労働時間は本人の夕食準備頻度を減らし，配偶者の夕食準備頻度を増やすものと，また，配偶者の労働時間は本人の夕食準備頻度を増やし，配偶者の夕食準備頻度を減らすものと考えられる。よって，夫もしくは妻の自らの労働時間の符号条件はマイナス，その配偶者の労働時間の符号条件はプラスである。夫もしくは妻自らの夕食準備が配偶者のそれと代替性を持つ場合にはマイナスを，補完性を持つ場合にはプラスの符号を示す。外食・中食利用が夫もしくは妻の夕食準備頻度に対して軽減効果を持つと仮定すれば，その符号条件はマイナスである。これら独立変数については，上で説明したのと同じように，標準化したコントロール変数「妻の就業形態：常勤職」との単純傾斜を作成し，妻の就業形態の違いが夫もしくは妻の夕食準備頻度に差を生むのかを確認する。コントロール変数は外食・中食需要関数のそれらと同一であり，外食・中食利用が夫もしくは妻の夕食準備を削減しているのであれば符号条件は外食・中食需要関数の場合と反対になるものと考えられる。

　分析手法は妻の拡張版自治モデルの推定については最小二乗法（OLS）が用いられるが，夫のそれについては，夕食準備頻度が0の夫が相当数に上ると思われ，OLSではなくトービット・モデルが用いられる。

4. 実証分析

4.1 記述統計

　記述統計は表2.12に示されている。各変数に関し，妻の就業上の地位の違いによる平均値の比較が行われている。各変数の平均値は以下の通りである。夫の夕食準備頻度は妻が常勤職の場合が41.07回，妻が非常勤職の場合が

表 2.12 記述統計

変数	妻=常勤 (n=94)				妻=非常勤 (n=149)			
	最小値	最大値	平均値		標準偏差	最小値	最大値	平均値	標準偏差
夫の夕食準備（回）	0.00	365.00	41.07		81.91	0.00	365.00	31.24	73.89
妻の夕食準備（回）	7.50	365.00	323.22	*	97.95	0.00	365.00	346.86	62.12
外食利用（回）	0.00	365.00	27.06	*	49.24	0.00	185.50	16.72	27.67
弁当利用（回）	0.00	185.50	14.59		24.55	0.00	185.50	13.47	30.43
惣菜・冷凍食品利用（回）	0.00	365.00	50.01		71.52	0.00	365.00	54.76	71.58
夫の年収（万円）	85.00	1300.00	490.96	*	263.42	85.00	1300.00	560.30	245.64
妻の年収（万円）	35.00	1100.00	260.64	***	196.18	35.00	800.00	133.22	122.34
夫の週労働時間（時間）	32.00	112.00	51.60	†	14.94	8.00	84.00	48.23	12.14
妻の週労働時間（時間）	15.00	80.00	41.64	***	8.96	3.00	84.00	24.67	11.21
夫の年齢	26.00	60.00	45.73		9.48	23.00	60.00	46.90	8.73
妻の年齢	27.00	59.00	43.33		8.70	24.00	59.00	44.52	8.03
夫の学歴	1.00	6.00	3.03		1.52	1.00	6.00	3.13	1.52
妻の学歴	1.00	6.00	2.98		1.34	1.00	6.00	2.74	1.16
子どもの数	0.00	4.00	1.67	*	1.07	0.00	4.00	1.92	0.87
末子年齢 0～6 歳	0.00	1.00	0.18		0.39	0.00	1.00	0.15	0.36
末子年齢 7～12 歳	0.00	1.00	0.17		0.38	0.00	1.00	0.25	0.43
20 歳以上の娘と同居	0.00	1.00	0.16		0.37	0.00	1.00	0.15	0.36
子ども夫婦と同居	0.00	1.00	0.02		0.15	0.00	1.00	0.01	0.08
母親と同居	0.00	1.00	0.12		0.32	0.00	1.00	0.06	0.24
性別役割分業意識	1.00	7.00	3.47		1.38	1.00	6.00	3.72	1.25
都市規模	1.00	4.00	2.41		0.92	1.00	4.00	2.46	1.00
夫=常勤	0.00	1.00	0.98		0.15	0.00	1.00	0.97	0.16

（注）　***，*および†は変数の平均値が妻の就業形態の違いによりそれぞれ 0.1%，5%および 10%
　　　で有意に異なることを表している。
（出所）　筆者作成。

31.24 回であり，両者に有意差はない。これに対して妻の夕食準備頻度は，常勤職の場合で 323.22 回，非常勤職の場合で 346.86 回であり，平均すればほぼ毎日夕食の準備をしていることになる。後者の方が 24 回弱多く，両者は 5%で有意差がある。妻が常勤職に就く夫婦の外食利用頻度，弁当利用頻度，惣菜・冷凍食品利用頻度はそれぞれ 27.06 回，14.59 回，50.01 回であり，妻が非常勤職に就く夫婦のそれらはそれぞれ 16.72 回，13.47 回，54.76 回であり，妻の就業上の地位の違いによって有意差があるのは外食利用頻度のみである。妻が常勤職で働く夫の所得は 490.96 万円，妻が非常勤職に就く夫のそれは 560.30 万円と，後者の方が約 70 万円上回っており，5%水準で有意差がある。これに対し，常勤職で働く妻の所得は 260.64 万円，非常勤職に就く妻のそれは 133.22 万円と前者は後者のほぼ 2 倍で，両者は 0.1%水準で有意に異なって

いる．週平均労働時間については，常勤職で勤める妻を持つ夫が51.60時間，非常勤職に就く妻と結婚している夫が48.23時間であり，両者は10%水準で有意差が見られる．常勤職で働く妻の週平均労働時間は41.64時間，非常勤職に就く妻のそれは24.67時間であり，両者は0.1%水準で有意に異なる．妻が常勤職で働く夫とそのような妻それぞれの年齢は45.73歳と43.33歳，妻が非常勤職で雇用されている夫とそのような妻それぞれの年齢は46.90歳，44.52歳であり，両者には有意差はない．最終学歴では妻が常勤職で働く夫が3.03，妻が非常勤職に就く夫が3.13であり，常勤職の妻が2.98，非常勤職の妻が2.74でこれらに有意差はない．逆に子供の数については前者が1.67人，後者が1.92人であり，5%水準で有意差がある．年齢が0～6歳の末子を持つ夫婦は妻が常勤職の場合が全体の18%，妻が非常勤職の場合は同15%を占め，年齢が7～12歳の末子を持つ夫婦は前者で17%，後者で25%であり，これらはともに有意差はない．家族内家事労働代替資源の存在を表す20歳以上の娘と同居している夫婦，子ども夫婦と同居している夫婦，そして実母もしくは義母と同居している夫婦は常勤職で働く妻の場合がそれぞれ全体の16%，2%，12%を占め，非常勤職で働く妻の場合にはそれぞれ全体の15%，1%，6%を占めており，これらすべてに有意差はない．回答者の性別役割分業意識のスコア，夫婦の居住する都市の規模のスコア，および夫が常勤職で勤める夫婦の割合についても妻の就業上の地位で有意な差はない．各変数の平均値は妻が常勤職の場合でそれぞれ3.47, 2.41, 0.98（つまり全体の98%），妻が非常勤で働く場合にはそれぞれ3.72, 2.46, 0.97（つまり97%）である．

4.2 実証分析の結果

4.2.1 外食・中食需要関数の推定

外食・中食需要関数の推定結果は表2.13に示されており，(1.1a), (1.2a), (1.3a)および(1.4a)はそれぞれ従属変数を外食，中食，外食および弁当，そして惣菜・冷凍食品それぞれの利用頻度とした推定結果である．これら需要関数の推定方法としてトービット・モデルを使用した．ただし単純傾斜の推定については別途改めて行う必要があり，それは表2.14に示されている．

まず，夫と妻の夕食準備と代替性を有すると考えられる外食の利用頻度を従

表2.13 外食・中食需要関数の推定結果（トービット・モデル）

推定式	(1.1a)		(1.2a)		(1.3a)		(1.4a)	
従属変数	外食		中食		外食＋弁当		惣菜・冷凍食品	
変数	推定係数	z値	推定係数	z値	推定係数	z値	推定係数	z値
定数項	26.577	0.843	70.161	0.934	77.510	1.885	10.522	0.163
夫の所得	0.012	1.190	-0.017	-0.714	0.011	0.814	-0.018	-0.893
夫の所得＊妻・常勤	0.015	1.489	0.015	0.644	0.023	1.747 †	0.007	0.373
妻の所得	-0.016	-0.904	0.038	0.915	-0.022	-0.959	0.047	1.329
妻の所得＊妻・常勤	-0.011	-0.660	-0.079	-2.044 *	-0.026	-1.237	-0.062	-1.888 †
夫の労働時間	0.224	1.198	-0.802	-1.823 †	-0.115	-0.470	-0.519	-1.384
夫の労働時間＊妻・常勤	-0.447	-2.449 *	-0.041	-0.097	-0.462	-1.932 †	-0.068	-0.189
妻の労働時間	0.534	2.193 *	1.223	2.094 *	0.758	2.385 *	1.112	2.203 *
妻の労働時間＊妻・常勤	-0.214	-0.829	1.394	2.244 *	0.023	0.069	1.281	2.376 *
夫の夕食準備	0.006	0.200	0.058	0.768	0.055	1.346	0.019	0.292
夫の夕食準備＊妻・常勤	0.057	1.826 †	-0.029	-0.382	0.036	0.887	-0.011	-0.179
妻の夕食準備	-0.046	-1.289	0.017	0.199	-0.083	-1.789 †	0.048	0.664
妻の夕食準備＊妻・常勤	-0.038	-1.188	0.021	0.284	-0.028	-0.679	0.013	0.209
夫の年齢	-1.103	-1.696 †	-2.059	-1.338	-2.343	-2.813 *	-0.429	-0.328
妻の年齢	0.541	0.768	1.401	0.835	1.244	1.374	0.240	0.167
夫の学歴	0.574	0.279	9.741	2.011 *	0.777	0.293	10.005	2.426 *
妻の学歴	-2.645	-1.030	-9.746	-1.602	-3.362	-1.011	-9.048	-1.748 †
子どもの数	-0.018	-0.006	-2.854	-0.394	1.183	0.297	-3.891	-0.632
末子年齢 0-6 歳	8.222	0.970	13.882	0.690	6.019	0.545	16.675	0.973
末子年齢 7-12 歳	-5.357	-0.767	-18.651	-1.126	-15.424	-1.704 †	-6.465	-0.458
20 歳以上の娘と同居	-6.602	-0.905	18.216	1.059	-6.747	-0.718	23.685	1.618
子ども夫婦と同居	-15.822	-0.675	41.387	0.730	-9.349	-0.306	33.858	0.703
母親と同居	-21.043	-2.270 *	-1.624	-0.075	-25.631	-2.131 *	2.386	0.130
性別役割分業意識	-1.330	-0.703	-6.030	-1.338	-2.317	-0.941	-4.821	-1.257
都市規模	4.287	1.699 †	13.475	2.237 *	8.934	2.712 **	9.305	1.811 †
夫・常勤	10.307	0.681	8.420	0.233	17.149	0.865	8.649	0.275
妻・常勤	35.870	2.028 *	-59.302	-1.404	23.552	1.020	-51.569	-1.425
総サンプル数	243		243		243		243	
センサーされなかったサンプル数	231		229		239		225	
χ^2	51.70**		30.38		59.01***		29.11	
Pseudo R^2	0.022		0.011		0.023		0.011	

（注） ***，**，*，†はそれぞれ 0.1％，1％，5％，10％で有意であることを表す。
（出所） 筆者作成。

属変数にした場合の単純傾斜の推定結果を表2.14の（1.1b）で確認しよう。妻が常勤職で働いている場合には夫の所得が従属変数と10％水準で有意な正の相関関係を持っている一方で，妻の所得は有意ではなく，妻の夕食準備が外

表 2.14 単純傾斜の推定結果（外食・中食需要関数）

推定式	(1.1b)		(1.2b)		(1.3b)		(1.4b)	
従属変数	外食		中食		外食＋弁当		惣菜・冷凍食品	
変数	推定係数	z 値	推定係数	z 値	推定係数	z 値	推定係数	z 値
妻の就業上の地位：常勤								
夫の所得	0.031	1.890 †	0.002	0.047	0.039	2.421 *	-0.009	-0.277
妻の所得	-0.029	-1.290	-0.061	-1.118	-0.055	-1.850 †	-0.030	-0.659
夫の労働時間	-0.337	-1.220	-0.854	-1.355	-0.696	-2.053 *	-0.605	-1.126
妻の労働時間	0.266	0.587	2.974	2.718 **	0.787	1.479	2.721	2.842 **
夫の夕食準備	0.078	1.598	0.022	0.180	0.100	1.567	0.004	0.042
妻の夕食準備	-0.093	-2.053 *	0.044	0.404	-0.118	-1.995 *	0.065	0.704
妻の就業上の地位：非常勤								
夫の所得	0.000	0.030	-0.029	-0.957	-0.007	-0.359	-0.024	-0.933
妻の所得	-0.007	-0.303	0.101	1.721 †	-0.001	-0.042	0.097	1.938 †
夫の労働時間	0.578	2.302 *	-0.770	-1.283	0.251	0.730	-0.465	-0.911
妻の労働時間	0.704	2.557 *	0.118	0.181	0.740	1.791 †	0.096	0.172
夫の夕食準備	-0.039	-0.949	0.080	0.832	0.100	1.567	0.028	0.338
妻の夕食準備	-0.016	-0.334	0.000	0.000	0.026	0.496	0.037	0.378

(注) **，*，†はそれぞれ1%，5%，10%で有意であることを表す。
(出所) 筆者作成。

食利用と5％水準で有意な負の相関関係を持っている。つまりこのことは，自治仮説が主張するように妻は自ら稼いだその所得を使用し，外食を利用するのではなく，夫がその所得をもって外食を利用していること，そして何らかの要因で妻の夕食準備頻度が減れば家族での外食利用が増えることを意味している。妻が非常勤職で働いている場合には夫と妻の所得はともに有意ではなく，それぞれの労働時間がともに外食利用と5％水準で有意な正の相関関係を持っている。表2.13における (1.1a) から，コントロール変数の中では夫の年齢が10％水準で有意な負の相関関係を，母親との同居ダミーが5％水準で有意な負の相関関係を，都市の規模がやはり10％水準で有意な正の相関関係を有している。また，妻＝常勤ダミーが外食利用と5％水準で有意な正の相関関係を持っている。

次に従属変数を中食利用にした単純傾斜の推定結果を表2.14における (1.2b) で確認しよう。妻が常勤職の場合，有意な独立変数は妻の労働時間だけで，それは従属変数と1％水準で有意な正の相関関係を持っている。これに

対して妻が非常勤職の場合には，自治仮説が示唆するように，妻の所得が中食利用と10％水準で有意な正の相関関係を有している．各コントロール変数については，表2.13の推定結果（1.2a）から，夫の学歴と都市の規模が従属変数と5％水準で有意な正の相関関係を有している．

さらに従属変数を夫もしくは妻の夕食準備を完全に代替するものと考えられる外食と弁当の利用頻度を従属変数とした推定結果を表2.13の（1.3a）および表2.14の（1.3b）で確認しておこう．まず独立変数については，（1.3b）から，妻が常勤職で働いている場合には夫の所得が正の，そして妻の夕食準備頻度が負の相関関係を持っており，これらはともに5％水準で有意であることがわかる．このことは，夫と妻の夕食準備頻度を減らすと考えられる外食と弁当の利用は，妻ではなく，夫の所得により行われていることを，また，何らかの要因で妻の夕食準備頻度が減ると外食と弁当の利用頻度が増加することを意味している．妻の所得は10％水準で有意ではあるが，符号条件を満たしていない．また，妻が非常勤職で働いている場合には妻の労働時間が従属変数と10％水準で正の相関関係を有している．コントロール変数に関しては，（1.3a）から，夫の年齢が5％水準で，末子年齢7～12歳ダミーが10％水準で，そして母親との同居ダミーが5％水準でそれぞれ有意な負の相関関係を，都市の規模が1％水準で正の相関関係をもっている．

最後に従属変数を惣菜・冷凍食品とした推定結果を表2.13の（1.4a）および表2.14の（1.4b）で確認しておこう．妻が常勤職で働いている場合は妻の労働時間が従属変数と1％水準で有意な正の相関関係を有しているのに対し，妻の就業上の地位が非常勤の場合には妻の所得が従属変数と10％水準で有意な正の相関関係を持っている．コントロール変数については，（1.4a）から，従属変数とは夫の学歴が5％水準で有意な正の，妻のそれが10％水準で有意な負の相関関係をそれぞれ持っており，居住する都市の規模が10％水準で有意な正の相関関係を持っていることが理解できる．

4.2.2 妻の夕食準備に関する拡張版自治モデルの推定

妻の夕食準備に関する拡張版自治モデルおよび単純傾斜の推定結果はそれぞれ表2.15および表2.16に示されている．推定方法はすべてOLSである．表

表 2.15　推定結果（妻の夕食準備：OLS）

推定式	(2.1a)		(2.2a)		(2.3a)		(2.4a)	
変　数	推定係数	t 値	推定係数	t 値	推定係数	t 値	推定係数	t 値
定数項	330.525	5.727 ***	333.493	5.667 ***	336.164	5.808 ***	333.653	5.683 ***
夫の所得	0.027	1.330	0.024	1.186	0.026	1.308	0.024	1.225
夫の所得＊妻・常勤	-0.007	-0.367	-0.010	-0.536	-0.006	-0.322	-0.011	-0.545
妻の所得	-0.052	-1.489	-0.048	-1.365	-0.052	-1.506	-0.049	-1.415
妻の所得＊妻・常勤	-0.020	-0.645	-0.018	-0.557	-0.023	-0.743	-0.017	-0.518
夫の労働時間	-0.118	-0.317	-0.166	-0.452	-0.204	-0.560	-0.159	-0.435
夫の労働時間＊妻・常勤	-0.062	-0.173	0.065	0.182	-0.044	-0.123	0.063	0.178
妻の労働時間	-0.364	-0.751	-0.566	-1.155	-0.339	-0.704	-0.595	-1.219
妻の労働時間＊妻・常勤	-0.505	-0.994	-0.549	-1.056	-0.438	-0.864	-0.580	-1.122
夫の夕食準備	-0.124	-2.033 *	-0.130	-2.118 *	-0.115	-1.884 †	-0.130	-2.132 *
夫の夕食準備＊妻・常勤	-0.113	-1.865 †	-0.128	-2.117 *	-0.116	-1.918 †	-0.126	-2.094 *
外食	-0.242	-1.534						
外食＊妻・常勤	0.012	0.087						
中食			0.017	0.311				
中食＊妻・常勤			0.045	0.786				
外食＋弁当					-0.189	-1.886 †		
外食＋弁当＊妻・常勤					-0.020	-0.226		
惣菜・冷凍食品							0.051	0.763
惣菜・冷凍食品＊妻・常勤							0.060	0.905
夫の年齢	3.648	2.954 **	3.931	3.184 **	3.398	2.717 **	3.884	3.156 **
妻の年齢	-3.880	-2.891 **	-4.088	-3.043 **	-3.683	-2.738 **	-4.054	-3.025 **
夫の学歴	1.709	0.431	1.307	0.325	1.641	0.415	0.863	0.214
妻の学歴	1.562	0.312	2.808	0.554	1.633	0.327	3.378	0.663
子どもの数	10.318	1.738 †	10.629	1.777 †	10.472	1.767 †	10.881	1.820 †
末子年齢 0～6 歳	16.846	1.013	13.468	0.800	16.131	0.973	12.382	0.734
末子年齢 7～12 歳	3.902	0.285	4.309	0.311	2.309	0.168	4.109	0.297
20 歳以上の娘と同居	1.054	0.074	2.322	0.162	0.077	0.005	1.324	0.093
子ども夫婦と同居	-252.054	-5.969 ***	-254.479	-5.972 ***	-248.829	-5.899 ***	-254.935	-6.001 ***
母親と同居	-37.318	-2.111 *	-33.868	-1.914 †	-37.666	-2.133 *	-34.115	-1.931 †
性別役割分業意識	-0.515	-0.139	-0.266	-0.071	-0.522	-0.141	-0.140	-0.037
都市規模	4.608	0.922	3.349	0.664	5.225	1.040	3.089	0.617
夫・常勤	0.805	0.027	-3.342	-0.111	1.807	0.060	-3.767	-0.125
妻・常勤	34.119	1.314	28.489	1.087	31.843	1.231	29.628	1.135
サンプル数	243		243		243		243	
F	3.68***		3.54***		3.38***		3.58***	
Adj. R^2	0.224		0.214		0.227		0.217	

(注)　***，**，*，†はそれぞれ 0.1%，1%，5%，10%で有意であることを表す。
(出所)　筆者作成。

表 2.16　単純傾斜の推定結果（妻の夕食準備）

推定式	(2.1b)		(2.2b)		(2.3b)		(2.4b)	
変　数	推定係数	t 値	推定係数	t 値	推定係数	t 値	推定係数	t 値
妻の就業上の地位：常勤								
夫の所得	0.018	0.556	0.011	0.337	0.018	0.577	0.011	0.355
妻の所得	-0.077	-1.751 †	-0.070	-1.577	-0.081	-1.845 †	-0.070	-1.584
夫の労働時間	-0.196	-0.375	-0.085	-0.160	-0.259	-0.493	-0.080	-0.152
妻の労働時間	-0.999	-1.130	-1.255	-1.363	-0.890	-1.002	-1.323	-1.447
夫の夕食準備	-0.266	-2.823 **	-0.290	-3.096 **	-0.260	-2.762 **	-0.288	-3.085 **
外食	-0.227	-1.494						
中食			0.073	0.780				
外食＋弁当					-0.214	-1.643 †		
惣菜・冷凍食品							0.126	1.167
妻の就業上の地位：非常勤								
夫の所得	0.032	1.287	0.032	1.268	0.031	1.240	0.033	1.306
妻の所得	-0.035	-0.732	-0.033	-0.684	-0.033	-0.694	-0.036	-0.740
夫の労働時間	-0.069	-0.135	-0.217	-0.435	-0.170	-0.343	-0.209	-0.420
妻の労働時間	0.036	0.065	-0.131	-0.242	0.008	0.014	-0.135	-0.249
夫の夕食準備	-0.035	-0.433	-0.028	-0.351	-0.023	-0.290	-0.030	-0.375
外食	-0.251	-1.066						
中食			-0.018	-0.259				
外食＋弁当					-0.173	-1.263		
惣菜・冷凍食品							0.003	0.033

（注）　**，†はそれぞれ 1％，10％で有意であることを表す。
（出所）　筆者作成。

2.15における (2.1a)，(2.2a)，(2.3a) および (2.4a)，そして表 2.16における (2.1b)，(2.2b)，(2.3b) および (2.4b) では夕食準備を代替すると考えられる財・サービスに関する独立変数として外食利用頻度，中食利用頻度，外食および弁当の利用頻度の合計，そして惣菜・冷凍食品の利用頻度を用いている。(2.1b) および (2.3b) ではともに常勤職に就く妻の所得が 10％水準で妻の夕食準備回数と負の相関関係を，また，(2.2b) および (2.4b) では 10％水準を満たしてはいないものの弱い負の相関関係を示しており，これらすべてについてほぼ自治仮説が支持されているといえる。常勤職で働く妻の夫の夕食準備はその妻の夕食準備と 0.1％水準で有意な負の相関関係を持っており，夫と妻の夕食準備に関して代替関係にあることが明らかにされている。外食利用頻度は常勤職の妻の夕食準備回数と弱い負の相関関係を，外食・弁当利用頻度は

このような妻の夕食準備と10％水準で有意な負の相関関係を有している。夕食準備を代替しないと考えられる中食利用頻度と惣菜・冷凍食品利用頻度はともに常勤職で働く妻の夕食準備と正の相関関係を示し，しかも有意ではない。

また，同じく表2.16における (2.1b)，(2.2b)，(2.3b) および (2.4b) において，非常勤職に就く妻の所得はその夕食準備回数と負の相関関係を有してはいるがすべて有意ではなく，自治仮説は支持されていない。その他の独立変数についてもすべて有意ではない。コントロール変数について表2.15で確認しておこう。夫の年齢と妻の年齢はともに1％水準で有意な正の相関関係を持っているが，前者が予想される符号条件を満たしているのに対して後者はそれを満たしていない。子供の数は10％水準で有意な正，子ども夫婦と同居ダミーと実母もしくは義母との同居ダミーはそれぞれ0.1％水準と5％水準もしくは10％水準で有意な負の相関関係を示している。

4.2.3　夫の夕食準備に関する拡張版自治モデルの推定

夫の夕食準備に関する拡張版自治モデルと単純傾斜の推定結果はそれぞれ表2.17および表2.18に示されている。妻の就業上の違いにより各独立変数が夫の夕食準備行動にどのような影響を及ぼすのかを表2.18で確認しておこう。常勤職で働く妻を持つ夫の場合，自らの所得が負の，妻の所得が正の相関関係を示しているがともにすべての推定結果で有意ではない。妻の夕食準備回数は夫のそれと代替的な関係を示しているが，(3.2b) と (3.4b) のみ10％水準で有意である。外食，中食，外食・弁当，そして惣菜・冷凍食品それぞれの利用頻度は予想される符号条件とは反対の正である。また，非常勤職で働く妻を持つ夫の場合，その所得が弱い正の相関関係を示しているが，それ以外はすべて有意ではない。外食利用頻度と惣菜・冷凍食品利用頻度はともに夫の夕食準備を減らすが有意ではない。中食利用頻度と外食・弁当利用頻度はともに符号条件を満たしていない。コントロール変数では妻の学歴が有意な正の，回答者の性別役割規範が有意な負の相関関係を示している。子どもの数の推定係数は負で，(3.3a) では10％で，そのほかでもほぼ10％で有意である。さらに都市の規模は夫の夕食準備頻度と負の相関関係を示しているが，有意なのは (3.2a) と (3.3a) においてのみである。

表2.17 推定結果（夫の夕食準備：トービット・モデル）

推定式	(3.1a)		(3.2a)		(3.3a)		(3.4a)	
変　数	推定係数	z 値	推定係数	z 値	推定係数	z 値	推定係数	z 値
定数項	77.812	0.721	73.381	0.680	56.798	0.526	80.788	0.748
夫の所得	-0.052	-1.504	-0.045	-1.313	-0.051	-1.476	-0.046	-1.343
夫の所得＊妻・常勤	0.018	0.535	0.020	0.599	0.014	0.411	0.020	0.608
妻の所得	-0.028	-0.448	-0.029	-0.462	-0.019	-0.304	-0.025	-0.400
妻の所得＊妻・常勤	0.043	0.785	0.045	0.800	0.046	0.824	0.038	0.680
夫の労働時間	0.734	1.153	0.582	0.934	0.575	0.929	0.511	0.824
夫の労働時間＊妻・常勤	-0.450	-0.743	-0.300	-0.501	-0.214	-0.360	-0.301	-0.505
妻の労働時間	-0.470	-0.549	-0.777	-0.915	-0.824	-0.974	-0.720	-0.850
妻の労働時間＊妻・常勤	-0.914	-1.023	-0.952	-1.061	-0.846	-0.952	-0.888	-0.993
妻の夕食準備	-0.195	-1.657 †	-0.202	-1.728 †	-0.173	-1.472	-0.201	-1.708 †
妻の夕食準備＊妻・常勤	-0.024	-0.226	-0.050	-0.465	-0.026	-0.242	-0.052	-0.489
外食	-0.257	-0.799						
外食＊妻・常勤	0.467	1.734 †						
中食			0.099	1.030				
中食＊妻・常勤			0.047	0.479				
外食＋弁当					0.248	1.449		
外食＋弁当＊妻・常勤					0.100	0.656		
惣菜・冷凍食品							0.039	0.337
惣菜・冷凍食品＊妻・常勤							0.071	0.611
夫の年齢	2.544	1.186	2.609	1.209	3.006	1.382	2.435	1.132
妻の年齢	-0.661	-0.285	-0.436	-0.187	-0.652	-0.281	-0.345	-0.148
夫の学歴	-5.758	-0.840	-6.648	-0.961	-6.042	-0.881	-6.244	-0.899
妻の学歴	16.217	1.875 †	17.881	2.045 *	17.450	2.013 *	17.562	1.996 †
子どもの数	-16.592	-1.634	-15.952	-1.567	-16.931	-1.665 †	-16.030	-1.571
末子年齢0〜6歳	-8.354	-0.283	-11.970	-0.405	-11.909	-0.405	-11.952	-0.404
末子年齢7〜12歳	1.352	0.057	3.452	0.143	6.094	0.254	1.027	0.043
20歳以上の娘と同居	-3.329	-0.138	-8.717	-0.359	-3.702	-0.153	-7.444	-0.305
子ども夫婦と同居	-1192.050	0.000	-867.008	0.000	-978.775	0.000	-841.867	0.000
母親と同居	-42.098	-1.273	-41.324	-1.256	-34.800	-1.051	-43.323	-1.315
性別役割分業意識	-14.785	-2.296 *	-13.564	-2.110 *	-13.519	-2.106 *	-13.847	-2.154 *
都市規模	-11.623	-1.362	-14.189	-1.660 †	-15.251	-1.774 †	-13.221	-1.553
夫・常勤	1.232	0.024	-0.683	-0.013	-2.240	-0.043	0.594	0.011
妻・常勤	37.895	0.645	48.557	0.837	32.886	0.559	47.141	0.814
総サンプル数	243		243		243		243	
センサーされなかったサンプル数	134		134		134		134	
χ^2	39.86*		37.39 †		39.57*		36.68 †	
Pseudo R^2	0.022		0.021		0.022		0.020	

（注）　*，†はそれぞれ5％，10％で有意であることを表す。
（出所）　筆者作成。

表 2.18 単純傾斜の推定結果（夫の夕食準備）

推定式	(3.1b)		(3.2b)		(3.3b)		(3.4b)	
変数	推定係数	z値	推定係数	z値	推定係数	z値	推定係数	z値
妻の就業上の地位：常勤								
夫の所得	-0.029	-0.540	-0.020	-0.368	-0.034	-0.617	-0.021	-0.382
妻の所得	0.027	0.351	0.027	0.359	0.039	0.502	0.023	0.300
夫の労働時間	0.167	0.195	0.204	0.235	0.305	0.352	0.132	0.152
妻の労働時間	-1.620	-1.058	-1.976	-1.261	-1.890	-1.222	-1.837	-1.180
妻の夕食準備	-0.225	-1.505	-0.265	-1.795 †	-0.206	-1.371	-0.267	-1.801 †
外食	0.330	1.341						
中食			0.158	0.941				
外食＋弁当					0.373	1.716 †		
惣菜・冷凍食品							0.129	0.657
妻の就業上の地位：非常勤								
夫の所得	-0.066	-1.514	-0.061	-1.402	-0.062	-1.420	-0.062	-1.432
妻の所得	-0.062	-0.715	-0.064	-0.730	-0.055	-0.635	-0.055	-0.626
夫の労働時間	1.090	1.223	0.819	0.953	0.744	0.874	0.750	0.875
妻の労働時間	0.253	0.252	-0.024	-0.025	-0.155	-0.159	-0.018	-0.018
妻の夕食準備	-0.176	-1.066	-0.163	-0.991	-0.152	-0.925	-0.159	-0.965
外食	-0.627	-1.257						
中食			0.062	0.547				
外食＋弁当					0.169	0.718		
惣菜・冷凍食品							-0.018	-0.126

（注）　†は10％で有意であることを表す。
（出所）　筆者作成。

5. 結論

　本章の目的は，日本の共稼ぎ夫婦は自ら稼いだ所得をもって家事労働代替財・サービスの1つである外食や中食を利用しているのか，そして共稼ぎ夫婦の外食や中食の利用がそれぞれの夕食の準備頻度削減に貢献しているのかを実証的に明らかにすることであった。その結果明らかにされたことは以下の通りである。

　まず妻が常勤職に就いている場合について要約しておこう。妻の所得は外食や中食の利用とは有意な正の相関関係を持たず，妻は自ら稼いだ所得を用いて

それらを利用しているのではない。妻の夕食準備を代替し，それを軽減すると考えられる外食および外食・弁当の利用頻度と有意な正の相関関係を持つのは夫の所得である。そしてこの外食・弁当の利用は妻の夕食準備頻度と有意な負の相関関係を持つ。したがって，夫が自ら稼いだ所得を用いてそれらへの支出に充て，妻の夕食準備を軽減しているのである。常勤職で働く妻の長時間労働は中食，中でも惣菜・冷凍食品の利用を増やす。ただし，夕食準備と代替性が低い中食の利用が妻の夕食準備頻度を軽減することはない。さらに常勤職に就く妻とそのような妻を持つ夫それぞれの夕食準備は相互に代替性を持ち，このことは夫の夕食準備への参加増加は妻の夕食準備頻度軽減をもたらし，記述統計でも確認した夫婦間の夕食準備分担の不公平を是正する要因として作用することを意味する。表2.12からも明らかなように，妻が常勤職に就く夫婦の98％が夫婦ともに常勤職で働いている。このことを考慮するならば，このような夫婦間で労働時間と夕食準備である程度の公平性が実現されていても不思議ではない。しかし，妻の週平均労働時間分担比率は44.7％と夫婦でかなり公平性が保たれているのに対し，年間参加回数で見た妻の夕食準備分担比率は88.7％と妻に一方的に偏っており，夫婦間で「ワーク・ライフ・アンバランス」が発生している。したがって，常勤職で働く妻の夕食準備回数を削減するための政策的インプリケーションとして，景気回復を実現して夫の所得水準を引き上げることが挙げられる。

　次に妻が非常勤職で働いている場合についてまとめておこう。妻は自分の稼いだ所得を中食に，特にその中でも惣菜・冷凍食品の購入に使う。しかし惣菜・冷凍食品の利用は夕食準備と代替性を持たないため，妻の夕食準備頻度は軽減されない。夫の所得は外食や中食の利用と有意な正の相関関係を持たない。このような夫婦の夕食時における外食や弁当の利用頻度を増やすのは夫と妻の労働時間の長さである。非常勤職で働く妻の労働時間分担比率および参加回数で見たその夕食準備分担比率はそれぞれ33.8％と91.7％であり，常勤職で働く妻の場合と同様，「ワーク・ライフ・アンバランス」が発生している。このような夫婦には独立変数からは政策的インプリケーションを導くことはできない。ただし，常勤職で働くことを希望しながら非常勤職で働いている，特に子どもを持つ既婚女性が常勤職で働けるようになれば，上で述べたような妻が

常勤職に就いている夫婦に対する政策が有効となる。よって，たとえば既婚女性が結婚や出産を経ても常勤職で働き続けることができるよう，早期退社制度や短時間正社員制度の導入などファミリー・フレンドリー施策の推進といった労働・職場環境を整備することが政府には求められる。

　最後に，夫も妻も性別役割分業に肯定的であればそれだけ夫の夕食準備頻度を引き下げる。したがって，一方においては，男性に対してだけでなく女性に対してもジェンダー平等教育を充実させ，性別役割規範を撤廃することが政府には求められる。また，他方においては，妻の学歴が高いほど夫の夕食準備頻度は増加するため，政府は女子の大学進学率をより一層引き上げ，男女間の教育格差を是正する必要がある。

謝辞

　本研究は大阪商業大学 JGSS 研究センターから JGSS-2006 のデータをお借りすることで実現しました。日本版 General Social Survey（JGSS）は，大阪商業大学 JGSS 研究センター（文部科学大臣認定日本版総合的社会調査共同研究拠点）が，東京大学社会科学研究所の協力を受けて実施しているプロジェクトである。ここに記して感謝いたします。

第3章

JPSC2000－2008 パネルデータを用いた
常勤職で働き稼ぐ妻の家事労働行動*

1. 序論

　本章の目的はアイデンティティ経済学をフレームワークとして，公益財団法人家計経済研究所が 2000～2009 年に実施した「消費生活に関するパネルデータ」（JPSC）を用い，ともに常勤職で働く夫婦の妻の家事労働行動を説明するのは相対的所得ではなく自らの絶対的所得であること，つまり経済的取引仮説やジェンダー・ディスプレイ仮説ではなく自治仮説であるとの Gupta（2006, 2007, 2009）および Gupta and Ash（2008）の主張を検証すること，そして妻の絶対的所得が上昇するにつれてその限界的な 1 単位の増加が限界的に減らす家事労働時間の単位数は徐々に少なくなるという Killewald and Gough（2010）の主張を検証することである。

　第 2 章における推定結果では日本の共稼ぎ夫婦の常勤職で働く妻の家事労働行動がジェンダー・ディスプレイ仮説によって説明されることを明らかにした。先述の通り Gupta（2006）は先行研究におけるジェンダー・ディスプレイモデルを用いた家事労働行動の実証分析の問題点を指摘した。また，Gupta（2007）はともに正規雇用で働き家計所得水準が高い夫婦の妻の家事労働行動に関する実証分析の結果から，ジェンダー・ディスプレイは「擬似的」（Gupta 2007, p. 413）な関係であり，そのような妻の家事労働行動はもはや相対的所得により説明されるのではなく，その絶対的所得により説明されるとの問題提起を行い，その後に続いた Gupta and Ash（2008）も妻の家事労

---

*　本章は安藤（2014）を大幅に加筆・修正したものである。

働行動を説明するのはその絶対的所得であることを明らかにしている。Killewald and Gough（2010）は，Gupta（2006, 2007, 2009）およびGupta and Ash（2008）では妻の絶対的所得とその家事労働時間の関係の考察が十分ではないとし，妻の所得水準を考慮し，固定効果モデルで推定した場合，ジェンダー・ディスプレイ仮説は支持されないこと，そして自治仮説が主張するように妻の絶対的所得はその家事労働時間と負の線形関係を持つのではなく，妻の絶対的所得が上昇するにつれてそれが限界的に削減する家事労働時間は徐々に低下していくとの仮説を構築してそれを検証している。また，家事労働におけるジェンダー・ディスプレイの実証分析に関する先行研究では，第2章での実証分析がそうであるように，そのほとんどが長期データを用いて推定していないことを課題として挙げ，彼女たち自身がこれら課題を克服しようと試みている。

最近ではSullivan（2011）が家事労働行動とジェンダー・ディスプレイに関する大規模量的調査のデータと質的調査に基づく先行研究の再評価を行い，夫の相対的所得が50％を下回ったときにこのような夫婦は家事労働でジェンダー・ディスプレイを示すと考えられるが，そもそも妻が夫の所得を上回るような夫婦が少ないこと，そのような夫婦は失業などにより夫の所得水準と夫婦の総所得水準が低い夫婦であること，したがってこのようなごく一部の夫婦をもって家事労働において夫や妻がジェンダー・ディスプレイを示すかどうか論じることに懐疑的な見方を示している。これを受けてかつてBittman *et al.*（2003）において家事労働におけるジェンダー・ディスプレイの可能性を明らかにしたEngland（2011）も自らを含めてこのテーマにおける研究者全体のこれまでの研究に対して自己批判を行っており（England 2011, p. 25），妻の家事労働行動はその相対的所得ではなく，その絶対的所得により説明されるというのが近年のこの分野における研究者の認識である。よって本章では，日本の代表的パネルデータであるJPSCを用いてこのような一連の「ジェンダー・ディスプレイモデルへの懐疑論」がともに正規雇用で働き稼ぐ日本の夫婦の妻についても当てはまるのかと同時に，妻の絶対的所得水準の違いが妻の家事労働時間削減にどのような影響を及ぼすのかを確認する。

なお，以後，妻の絶対的所得が限界的に1単位増加するとその家事労働時間

は限界的に一定単位数だけ減少するとの仮説をGuptaの自治仮説，妻の絶対的所得が限界的に1単位増加するとその家事労働時間は限界的に減少するが，その限界的に減少する単位数は妻の絶対的所得の水準が上昇するにつれて徐々に低下していくとの仮説をKillewald and Goughの自治仮説と呼んで区別することとする。

2. 先行研究

2.1 Killewald and Goughの自治仮説

　Killewald and Gough（2010）は，高所得を稼ぐ妻でさえかなりの時間を家事労働に割いている事実に注目し，それは市場で家事労働代替財・サービスを購入してそれを外部化しようとしても外部化が適切でない家事労働があること，外部化しようにもコストが高くて外部化しづらい家事労働があること，外食とは違って部屋の掃除など家事労働を外部化することによりそのサービスを提供する労働者を家に招き入れることはプライバシーを公開することにつながること，夫が家事労働をなかなか引き受けようとしないこと，高所得を稼いでいる妻でさえ家事労働を行うことは「良き妻」であることと密接に結びついており，したがって家事労働をしないことはジェンダー行動規範の逸脱につながることなどから外部化しきれない家事労働が残ってしまうことにより発生すると指摘している（Killewald and Gough 2010, pp. 990-991）。そこでKillewald and Gough（2010）は，妻の絶対的所得が高くなるほど妻はそれが引き下げる家事労働時間の制約に近づくため，自らの絶対的所得の限界的な1単位の増加が限界的に引き下げる家事労働時間の単位数は少なくなること，したがって両者の関係はGupta（2006, 2007, 2009）やGupta and Ash（2008）が想定しているように妻の絶対的所得の水準に関係なく一定の負の係数を持つ線形関係で表されるのではなく，その上昇とともに0に近づいていくとの仮説を構築し，1976-2003年のPanel Study of Income Dynamics（PSID）のデータから得られたともに週35時間以上フルタイム雇用で働く夫婦の妻をサンプルとして抽出してパネル分析を行い，ジェンダー・ディスプレ

イモデルと 2 つの自治モデルを推定してそのような仮説の検証を行っている。Killewald and Gough（2010）による実証分析の結果は，妻の相対的所得とその 2 乗項に加え夫と妻それぞれの絶対的所得も独立変数として使用して最小二乗法（OLS）と固定効果モデルを用いて分析した場合にはジェンダー・ディスプレイ仮説が支持されること，ただし妻の絶対的所得を 4 分位に分けてスプライン関数モデルで推定した場合，ジェンダー・ディスプレイ仮説はもはや支持されないこと，妻の絶対的所得はその家事労働時間と負の相関関係を持ちその水準が高くなるほどそれが引き下げる家事労働時間は少なくなるが，すべての分位での妻の絶対的所得が必ずしもその家事労働時間と有意な負の相関関係を持つわけではないことを明らかにしている。Killewald and Gough（2010）はこれら実証分析の結果をもって自分たちが構築した仮説は概ね支持されたと結論づけている[16]。

2.2　ジェンダー・ディスプレイモデルへの懐疑論

　最近では Sullivan（2011）が過去のジェンダー・ディスプレイ研究に関する量的調査と質的調査の先行研究を概観し，その中で大規模アンケート調査から得られたデータを用いたジェンダー・ディスプレイモデルの推定に関する問題点を整理している。Sullivan（2011）は，1980 年代に英米で行われた質的調査に基づく先行研究において，夫は一家の大黒柱であるべきというジェンダー規範を持ちながらも妻の所得に依存せざるを得ない夫が家事労働において後にジェンダー・ディスプレイと呼ばれることになる行動をとることがすでに描き出されていることから，夫によるそのような行動が現実に起こること自体は認めつつも，そのような夫は失業などにより極端に所得水準を低下させた夫であり，全体で見てもごく一部に限られると述べている（Sullivan 2011, p. 2）。実際，Bittman et al.（2003）も 1987－1988 年の National Survey of

---

[16] Killewald and Gough（2010）は一般的に用いられているジェンダー・ディスプレイと家事労働における夫婦間あるいはパートナー間のジェンダー・ディスプレイとを区別するため，後者を，家事労働におけるジェンダー行動規範逸脱を緩和するという意味で「補償的ジェンダー・ディスプレイ（compensatory gender display）」という用語を用いている（Killewald and Gough 2010, p. 989）。

Families and Household (NSFH) のデータから得られたサンプルから夫の相対的所得が 0, つまりその絶対的所得が 0 の夫婦の 2〜3% もしくは夫の相対的所得が最も低い夫婦の 2% もしくは 3% を除いた場合, アメリカの夫についてはもはやジェンダー・ディスプレイモデルはその家事労働行動を説明しなくなることも明らかにしている (Bittman et al. 2003, p. 207)。また Sullivan (2011) は, Akerlof and Kranton (2000), Greenstein (2000), Bittman et al. (2003), Evertsson and Nermo (2004), Gupta (2006, 2007) といった男性の家事労働におけるジェンダー・ディスプレイを支持する主要な先行研究が使用しているデータは 1970 年代から 1990 年代までのものであり, 2000 年代のデータを用いた Kan (2008) が男性であれ女性であれその家事労働行動においてジェンダー・ディスプレイ仮説は支持されないことを明らかにしているように, 所得水準が極めて低い男性の家事労働行動に変化があり, 現在は男性によるジェンダー・ディスプレイはもはや過去の遺物と化している可能性があること, そして, もしそうであるとするならば, 長期データを用いた妻もしくは女性パートナーが就労する夫婦あるいはカップルの家事労働行動の変化に関する実証分析が不足していることを指摘している (Sullivan 2011, pp. 6-8)。さらに Sullivan (2011) は妻もしくは女性パートナーの家事労働行動の実証分析については基本的に Gupta (2006, 2007) および Gupta and Ash (2008) の指摘を支持しており, フルタイムで働き所得水準が高いと想定される妻もしくは女性パートナーの家事労働行動はジェンダー・ディスプレイ仮説ではなくその絶対的所得, つまり自治仮説により説明されると述べている (Sullivan 2011, p. 10)。

3. 定式化

本章の分析上のフレームワークは基本的に Gupta (2006, 2007, 2009) および Killewald and Gough (2010) を踏襲する。すなわち, まず以下の (3.1) 式で表されるジェンダー・ディスプレイモデルを推定する。

$$Y_w = \alpha_{0w} + \alpha_{1w}X + \alpha_{2w}X^2 + \boldsymbol{\alpha}_{3w}\boldsymbol{Z} + \varepsilon_1 \quad (3.1)$$

ここで Y_w は妻の家事労働時間，X は妻の相対的所得，X^2 はその 2 乗項，Z はコントロール変数のベクトル，ε_1 は誤差項である。次に，Gupta（2006, 2007, 2009）と同じく妻の相対的所得とその 2 乗項，絶対的所得を同時に独立変数として組み込んだ以下の（3.2）式を推定し，妻の相対的所得とその 2 乗項が有意ではなくなり，その代わりに妻の絶対的所得が従属変数と有意な負の相関関係を持つのかどうかを検証する。

$$Y_w = \alpha_{0w} + \alpha_{1w}X + \alpha_{2w}X^2 + \beta_{1h}H + \beta_{1w}W + \boldsymbol{\alpha}_{3w}\boldsymbol{Z} + \varepsilon_2 \quad (3.2)$$

ここで H と W はそれぞれ夫および妻の絶対的所得，ε_2 は誤差項である。最後に，妻の絶対的所得水準が上昇するにしたがってその限界的な 1 単位の増加が限界的に引き下げる妻の家事労働時間の単位数は徐々に減少するという Killewald and Gough（2010）の主張を検証するため，以下の（3.3）式も推定する。

$$Y_w = \alpha_{0w} + \alpha_{1w}X + \alpha_{2w}X^2 + \beta_{1h}H + \beta_{11w}SplineW_1 + \beta_{12w}SplineW_2$$
$$+ \beta_{13w}SplineW_3 + \beta_{14w}SplineW_4 + \boldsymbol{\alpha}_{3w}\boldsymbol{Z} + \varepsilon_3 \quad (3.3)$$

ここで $SplineW_k$（$k=1, 2, 3, 4$）は妻の絶対的所得水準を 248.19 万円，345.50 万円，488.22 万円でノットを打ち，4 分位に分けるスプライン関数，ε_3 は誤差項である。

4. 実証分析

4.1 サンプル

サンプルは 2000 年から 2009 年に実施された JPSC のウェーブ 8 からウェーブ 17 までのデータを用い，夫婦が同居していること，夫婦ともに 20 歳以上 60 歳未満であること，夫と妻がともに 1 年前と同じ職場で常勤職で週平均 35 時間以上働いていることという条件をすべて満たす回答者に制限した。ただし，夫と妻がともに家事労働時間が 0 の回答者，夫と妻のうちいずれか一方でも労働時間が 0 の回答者，夫と妻のうちいずれか一方でも所得が 0 の回答者，1 つでも無回答および非該当のあった回答者はサンプルから除外されている。夫婦ともに週平均労働時間を 35 時間以上としたのは Gupta（2006, 2007,

2009) や Killewald and Gough (2010) がサンプルを得る際に週平均労働時間が 35 時間以上の夫婦に制限していることに対応させたためである。ところで Gupta (2006, 2007) や Sullivan (2011) が妻の相対的所得が 50% 以上となる夫婦は多くの場合夫が失業中などの理由でその所得水準が低い夫婦であり，このようなごく一部の夫婦をサンプルに加えるとジェンダー・ディスプレイは確認されるものの，それら夫婦をサンプルから除外してジェンダー・ディスプレイモデルを推定した場合には妻の相対的所得とその 2 乗項はもはや有意にはならず，家事労働におけるジェンダー・ディスプレイ仮説は支持されないと主張している。したがって本章におけるサンプルは，このような主張を検証するため，夫と妻の双方が 1 年前と同じ職場で働いているという条件を設け，ともに 1 年間にわたり安定して一定水準以上の高い所得を得ている可能性が高いと考えられる夫婦にサンプルを制限している。この結果，最終的にサンプルに残った夫婦の数は 982 組であり，得られたデータは 2000 年から 2008 年までのアンバランス・パネルデータである。2009 年のデータがこのパネルデータに入っていないのは，JPSC の各ウェーブで回答している年収が調査時点における前年のものであるためである。

4.2 変数

従属変数は妻の平日 1 日当たり家事育児時間（分）であり，「本人生活時間（平日）家事育児」を用いた。独立変数は，妻の相対的所得とその 2 乗項，夫と妻それぞれの実質絶対的所得である。使用したデータは回答者が翌年実施された調査で回答した前年 1 年間の夫，妻，および夫婦共通の「年収・勤め先」，「年収・事業」，「年収・社会給付」と「年収・その他」であり，夫と妻それぞれのこれら各種年収を合計し，さらにこの合計金額に夫婦共通のそれら各種年収の 50% ずつを加えたものを夫と妻それぞれの名目絶対的所得として算出した。絶対的所得の実質化に際しては 2005 年基準の GDP デフレータ（連鎖方式）を用いた[17]。また，これらを用いて妻の相対的所得，つまり，妻の絶対的

---

[17] 2005 年基準 GDP デフレータ（連鎖式）は内閣府経済社会総合研究所国民経済計算部編『国民経済計算年報　平成 25 年版』より取得した。

所得が夫婦の総絶対的所得に占める割合を算出した.

コントロール変数は,夫と妻それぞれの ① 平日1日当たり労働時間 (分),② 教育歴,③ 年齢と,④ 同居する子どもの数,⑤ 同居する子どもなしダミー,⑥ 同居する子ども＝未就学児童ダミー,⑦ 同居する子ども＝小学生ダミー,⑧ 実母もしくは義母同居ダミー,⑨ 20歳以上の娘同居ダミー,⑩ 居住地の規模である. ① については「夫生活時間 (平日) 仕事」と「本人生活時間 (平日) 仕事」が用いられている. ② については「夫最高学歴」と「本人最高学歴」が用いられ,中学校卒業に1,高校を卒業せず入学した専門学校・専修学校卒業に2,高校卒業に3,高校を卒業後に入学した専門学校・専修学校卒業に4,短期大学・高等専門学校卒業に5,4年制大学卒業に6,大学院修了に7が与えられている. ③,④,⑤,⑧,⑨ については「家族1人目」から「家族10人目」までの「続柄」,「性別」,「年齢」,「同居別居」を,⑥ と ⑦ については「末子就学状況」を用いて作成した. ⑤ については該当する場合には1を,そうでない場合には0を,⑥ から ⑨ については該当する家族が同居している場合には1を,そうでない場合には0を与えている. ⑩ については「市郡規模」を用い,「町村」に1,「その他都市」に2,「大都市」に3が与えられている.

なお,夫と妻の通常の週平均労働時間が35時間以上かどうかの判断にはそれぞれの「週労働時間」を用いた.

4.3 記述統計

記述統計は表3.1に示されている. 妻の平日1日当たり家事労働時間の最小値は0.00分,最大値は570.00分,平均値は190.88分である. 夫の平日1日当たり労働時間は最小値が120.00分,最大値は1320.00分,平均値は613.72分である. これに対して妻の平日1日当たり労働時間の最小値は360.00分,最大値は840.00分,平均値は530.11分である. 夫と妻の平日の労働時間の平均値は0.1％水準で有意に異なる. 絶対的所得としての実質年間収入は,夫の最小値が23.28万円,最大値が2,629.02万円,平均値が552.18万円であるのに対し,妻の最小値,最大値,平均値はそれぞれ9.74万円,3,214.06万円,382.58万円である. これら夫と妻の実質年間収入の平均値は0.1％水準で有意に異な

表 3.1 記述統計 (n=982)

変　　数	最小値	最大値	平均値	標準偏差
妻の平日1日当たり家事労働時間（分）	0.000	570.000	190.876	97.590
夫の平日1日当たり労働時間（分）	120.000	1320.000	613.717 ***	109.156
妻の平日1日当たり労働時間（分）	360.000	840.000	530.112	65.402
夫の実質年収（万円，2005年実質価格）	23.277	2629.017	552.175 ***	221.976
妻の実質年収（万円，2005年実質価格）	9.737	3214.064	382.578	208.300
妻の相対的所得	0.016	0.832	0.402	0.112
夫の最高学歴	1.000	7.000	4.270	1.676
妻の最高学歴	1.000	7.000	4.307	1.214
夫の年齢	23.000	59.000	39.300 ***	7.158
妻の年齢	25.000	49.000	37.126	6.081
同居する子どもの数	0.000	4.000	1.407	1.059
子どもなしダミー	0.000	1.000	0.266	0.442
同居の末子＝未就学児童ダミー	0.000	1.000	0.263	0.440
同居の末子＝小学生ダミー	0.000	1.000	0.246	0.431
実母もしくは義母同居ダミー	0.000	1.000	0.378	0.485
20歳以上の娘同居ダミー	0.000	1.000	0.045	0.207
居住地の規模	1.000	3.000	2.023	0.629

（注）　表中の***は「平日1日当たり労働時間」，「実質年収」そして「年齢」に関して0.1%で夫と妻の当該変数の平均値が有意に異なることを表している。
（出所）　筆者作成。

る。妻の相対的所得の最小値は 0.02, 最大値は 0.83, 平均値は 0.40 である。夫と妻ともに最高学歴の最小値は 1.00, 最大値は 7.00 で，平均値については夫が 4.27, 妻が 4.31 であるが，両者は 10%水準でも有意に異ならない。年齢については夫の最小値が 23 歳，最大値が 59 歳，平均値が 39.30 歳，妻の最小値が 25 歳，最大値が 49 歳，平均値が 37.13 歳であり，夫婦の年齢の平均値は 0.1%水準で有意に異なっている。子どもの数は最小値が 0 人，最大値が 4 人，平均値が 1.41 人である。ダミー変数についてはすべて最小値が 0.00, 最大値が 1.00 である。子どもなし，同居する末子＝未就学児童，同居する末子＝小学生ダミー，妻の実母もしくは義母との同居ダミー，20 歳以上の娘との同居ダミーの平均値はそれぞれ 0.27, 0.26, 0.25, 0.38, 0.05 である。居住地の規模は最小値が 1.00, 最大値が 3.00 であり，平均値は 2.02 である。

4.4　度数分布表

妻の相対的所得に関する度数分布表は表 3.2 に示されている。中央値，最頻

値ともに 0.4 以上 0.5 未満である。同階級までの累積相対度数は 0.841 であり，このようないわば夫と対等に常勤職で働く妻でさえその 84.1％が所得では夫を

表 3.2　度数分布表（妻の相対的所得，$n=982$）

階　　級	度　数	累積度数	相対度数	累積相対度数
0.0 以上 0.1 未満	13	13	0.013	0.013
0.1 以上 0.2 未満	37	50	0.038	0.051
0.2 以上 0.3 未満	130	180	0.132	0.183
0.3 以上 0.4 未満	256	436	0.261	0.444
0.4 以上 0.5 未満	390	826	0.397	0.841
0.5 以上 0.6 未満	126	952	0.128	0.969
0.6 以上 0.7 未満	29	981	0.030	0.999
0.7 以上 0.8 未満	1	982	0.001	1.000
0.8 以上 0.9 未満	0	982	0.000	1.000
0.9 以上 1.0 未満	0	982	0.000	1.000
1.0	0	982	0.000	1.000
合　　計	982	—	1.000	—

(出所)　筆者作成。

表 3.3　度数分布表（妻の家事労働時間，$n=982$）

階　　級	度　数	累積度数	相対度数	累積相対度数
0 分以上 60 分未満	21	21	0.021	0.021
60 分以上 120 分未満	139	160	0.142	0.163
120 分以上 180 分未満	254	414	0.259	0.422
180 分以上 240 分未満	244	658	0.248	0.670
240 分以上 300 分未満	156	814	0.159	0.829
300 分以上 360 分未満	100	914	0.102	0.931
360 分以上 420 分未満	32	946	0.033	0.963
420 分以上 480 分未満	22	968	0.022	0.986
480 分以上 540 分未満	11	979	0.011	0.997
540 分以上 600 分未満	3	982	0.003	1.000
600 分以上	0	982	0.000	1.000
合　　計	982	—	1.000	—

(出所)　筆者作成。

下回っていることがわかる。

妻の家事労働時間に関する度数分布表は表 3.3 に示されている。中央値は 180 分以上 240 分未満，最頻値は 120 分以上 180 分未満である。180 分以上 240 分未満までの累積相対度数は 0.670 であり，このような妻でさえその 33% が 4 時間以上家事労働を負担していることがわかる。

4.5 実証分析の結果

(3.1) 式から (3.3) 式までの推定結果と Hausman 検定の結果は表 3.4 に示されている。まず (3.1) 式について，Hausman 検定の結果は「独立変数と個体特有効果との間に相関はない」とする帰無仮説を 5% 水準で棄却することができないため，変量効果モデルが採択される[18]。妻の相対的所得もその 2 乗項も符号条件を満たしているがいずれも 10% 水準でも有意ではなく，経済的取引仮説およびジェンダー・ディスプレイ仮説はともに支持されない。

次に (3.2) 式の推定結果であるが，Hausman 検定の結果はやはり「独立変数と個体特有効果との間に相関はない」とする帰無仮説を 5% 水準で棄却することができないため，変量効果モデルが採択される。妻の相対的所得とその 2 乗項はやはりそれぞれ符号条件を満たしながらも有意ではなく，経済的取引仮説もジェンダー・ディスプレイ仮説も支持されない[19]。夫の絶対的所得は従属変数と正の相関関係を持つことが確認されるが有意ではない。また，妻のそれは従属変数と負の相関関係を示し，符号条件を満たしているがやはり有意ではなく，Gupta の自治仮説も支持されない。

最後に (3.3) 式の推定結果を見よう。Hausman 検定の結果は「独立変数と個体特有効果との間に相関はない」とする帰無仮説を 0.1% 水準で棄却できるため固定効果モデルが採択される。妻の相対的所得とその 2 乗項はともに符号条件を満たし，しかも 0.1% 水準でジェンダー・ディスプレイ仮説が支持され

---

[18] 表 3.4 からもわかるように，Hausman 検定の有意水準を 10% まで緩和すれば「独立変数と個体特有効果との間に相関はない」とする帰無仮説を棄却できるようになり，固定効果モデルが採択されることになる。

[19] 表 3.4 における Hausman 検定の有意水準を 10% まで緩和すれば「独立変数と個体特有効果との間に相関はない」とする帰無仮説を棄却できるようになる。その結果，固定効果モデルが採択され，経済的取引仮説が支持されることになる点には注意せよ。

表 3.4 推定結果

説明変数	(3.1) 式 固定効果モデル 推定係数	t 値	(3.1) 式 変量効果モデル 推定係数	t 値	(3.2) 式 固定効果モデル 推定係数	t 値	(3.2) 式 変量効果モデル 推定係数	t 値	(3.3) 式 固定効果モデル 推定係数	t 値	(3.3) 式 変量効果モデル 推定係数	t 値
定数項	550.522	4.264***	415.532	8.434***	580.335	4.376***	401.512	7.636***	560.612	4.040***	380.584	6.640***
妻の相対的所得	-257.698	-1.513	-148.275	-1.420	-346.889	-1.827†	-107.774	-0.946	-1289.288	-4.032***	-439.401	-2.179*
妻の相対的所得の2乗	269.172	1.343	184.321	1.359	292.945	1.451	179.102	1.318	986.708	3.661***	430.734	2.364*
夫の実質年収					-0.049	-1.056	0.021	0.836	-0.199	-3.151**	-0.026	-0.747
妻の実質年収					0.037	0.941	-0.023	-0.824				
Spline												
妻の実質年収：第1分位									1.088	4.255***	0.352	2.170*
妻の実質年収：第2分位									0.062	0.354	-0.080	-0.644
妻の実質年収：第3分位									0.205	1.545	0.033	0.353
妻の実質年収：第4分位									0.114	2.582**	0.006	0.207
夫の労働時間	0.067	1.728†	0.043	1.524	0.070	1.814†	0.042	1.473	0.063	1.636	0.040	1.423
妻の労働時間	-0.186	-3.063**	-0.266	-5.816***	-0.185	-3.050**	-0.266	-5.815***	-0.193	-3.173**	-0.256	-5.560***
夫の最高学歴	-25.945	-1.038	-2.135	-0.764	-28.339	-1.128	-2.282	-0.805	-48.143	-1.922†	-2.622	-0.906
妻の最高学歴	-18.981	-0.817	0.919	0.237	-17.695	-0.908	0.907	0.233	-7.888	-0.407	-0.081	-0.021
夫の年齢	1.327	0.158	-2.567	-2.472*	2.033	0.241	-2.587	-2.489*	7.629	0.908	-2.326	-2.234*
妻の年齢	-2.521	-0.298	0.610	0.486	-2.828	-0.334	0.565	0.441	-4.957	-0.586	1.470	1.159
同居する子どもの数	6.190	0.788	-1.232	-0.252	6.481	0.824	-1.058	-0.216	2.264	0.265	-3.116	-0.601
子どもなしダミー	-116.437	-4.370***	-88.062	-5.602***	-114.182	-4.242***	-88.029	-5.587***	-55.944	-2.727**	-70.453	-4.932***
同居の末子＝未就学児童ダミー	47.680	2.736**	48.667	4.090***	49.035	2.787**	48.408	4.043***	39.676	3.890***	23.929	2.814**
同居の末子＝小学生ダミー	19.847	1.755†	15.862	1.808†	20.395	1.795†	15.872	1.803†	83.886	5.827***	62.040	5.613***
実母もしくは義母同居ダミー	-43.780	-3.367***	-24.974	-3.302***	-44.570	-3.419***	-24.974	-3.302***	-44.265	-3.411***	-23.472	-3.092**
20歳以上の娘同居ダミー	-4.958	-0.336	6.802	0.516	-5.154	-0.349	6.411	0.485	-14.324	-0.977	1.023	0.077
居住地の規模	4.446	0.312	7.967	1.324	4.463	0.313	7.956	1.322	0.927	0.065	7.921	1.308
R^2 within	0.218		0.200		0.219		0.198		0.231		0.201	
R^2 between	0.204		0.344		0.191		0.347		0.120		0.341	
R^2 overall	0.152		0.262		0.143		0.265		0.097		0.260	
サンプル数	982		982		982		982		982		982	
グループ数	348		348		348		348		348		348	
Hausman 検定 χ^2 (Prob<χ^2)	24.05 (0.0643)†				24.08 (0.0637)†				32.18 (0.0095)***			

(注) ***，**，*，†はそれぞれ0.1%，1%，5%，10%で有意であることを表している。
(出所) 筆者作成。

ている。(3.1) 式および (3.2) 式の変量効果モデルの推定結果では従属変数と正の相関関係を持ち，有意ではなかった夫の絶対的所得は負の符号を示して1%で有意である。スプライン関数の推定結果に目を移せば，4つの分位すべてで推定係数は正であり，Killewald and Gough (2010) の主張とは異なって，妻の絶対的所得はその家事労働時間を増やす。ただし有意なのは第1分位と第4分位の2つの分位だけである。

コントロール変数についても見ておこう。(3.1) 式と (3.2) 式の変量効果モデルの推定結果と (3.3) 式の固定効果モデルの推定結果では夫の労働時間は従属変数といずれも弱い正の相関関係を，妻の労働時間は有意な負の相関関係を持っており，ほぼ時間制約仮説が支持されていると言える。夫と妻の最高学歴はすべての推定結果で従属変数と負の相関関係を示しているが，有意なのは (3.3) 式の固定効果モデルのみである。夫の年齢は (3.1) 式と (3.2) 式の変量効果モデルの推定結果では有意な負の相関関係を示しているが，(3.3) 式の固定効果モデルの推定結果では符号は正であり，しかも有意ではない。これに対して妻の年齢は (3.1) 式と (3.2) 式の変量効果モデルでは正の相関関係を，反対に (3.3) 式の固定効果モデルの推定結果では負の相関関係を示しているがすべて有意ではない。同居する子どもの数は (3.1) 式と (3.2) 式の変量効果モデルでは予想される符号条件とは逆に負の相関関係を，反対に (3.3) 式の固定効果モデルの推定結果では正の相関関係を示しているがすべて有意ではない。同居する子どもがいない妻のダミー変数，末子が未就学児童のダミー変数そして末子が小学生のダミー変数はすべて符号条件を満たして有意である。家事労働の代替的人材を表す実母もしくは義母が同居している妻のダミー変数はすべての推定結果で符号条件を満たして有意であるが，20歳以上の娘が同居している妻のダミー変数は固定効果モデルと変量効果モデルとでは符号が逆であり，しかもすべての推定結果で有意ではない。居住地の規模は符号条件を満たさず，すべての推定結果で有意ではない。

5. 結論

本章では JPSC の 2000 年から 2008 年までのパネルデータを用いて，夫と妻がともに常勤職で働き，週平均 35 時間以上働く日本の共稼ぎ夫婦の妻の家事労働行動に関する経済的取引仮説，ジェンダー・ディスプレイ仮説，2 つの自治仮説を実証的に検証した。その結果，第 1 に，経済的取引仮説，ジェンダー・ディスプレイ仮説，そして Killewald and Gough の自治仮説を同時に検証する混合モデルの推定結果からはこのような夫婦の妻の家事労働行動とし

てジェンダー・ディスプレイ仮説が支持されることが明らかにされた。このことは，このような妻に対して「妻は常勤職で夫と対等に働き，稼ぐべきではない」というジェンダー行動規範が日本社会に存在することを意味している。第2に，このような妻にはGuptaの自治仮説は支持されないことが明らかにされた。そして，第3に，このような妻にはKillewald and Goughの自治仮説も支持されず，むしろ妻の絶対的所得の水準が上昇してもその限界的な1単位の増加が家事労働時間の単位数を限界的に減らすことはないことが明らかにされた。

一般的に自治仮説からは，雇用の男女平等の推進や男女間賃金格差是正により妻の所得を上昇させるべきであり，それをもって妻は市場で家事労働の代替財・サービスを購入することによりその一部を外部化して自らの家事労働時間を削減できる結果，妻への家事労働の負担を軽減できるという政策的インプリケーションが導かれる。しかし，本章の実証分析の結果は，男女雇用機会均等法がその成果としておそらく想定しているであろう，ともに常勤職に就いて一定水準以上の所得を得ている夫婦の妻にはそのような政策効果をもたらさず，むしろ妻が常勤職で夫と対等に働き稼ぐようになり，その絶対的所得が増加すると，他の事情において等しければ，妻の相対的所得が上昇し，その相対的所得が0%から65.3%まで限界的に1単位上昇するにつれて限界的に減らす家事労働時間の単位数を減らしながらもその家事労働時間を減らすことはできるが，ひとたびその相対的所得が65.3%を超えると一転してその家事労働時間を増やし始め，妻に家庭外での労働と家事労働の負担が集中してワーク・ライフ・アンバランスをもたらす可能性があることを示唆している。

よって政府は，単に女性の常勤職での雇用促進・継続，男女間賃金格差是正や所得の引上げだけでなく，上で示したジェンダー行動規範の撤廃を同時に達成して妻が夫との間でその相対的所得と家事労働時間を取引できるようにすべきであるというのがアイデンティティ経済学からの政策的インプリケーションである。

謝辞
本研究は公益財団法人家計経済研究所から「消費生活に関するパネル調査」の個票データをお借りすることで実現しました。ここに記して感謝いたします。

第4章

JPSC2000-2008 パネルデータを用いた共稼ぎ夫婦の妻の家事労働行動*

1. 序論

　本章の目的は公益財団法人家計経済研究所による 2000 年から 2009 年までの「消費生活に関するパネルデータ」(JPSC) を用いて 2000 年から 2008 年までのパネルデータを作成し、アイデンティティ経済学をフレームワークとして共稼ぎ夫婦の妻の家事労働行動に関する経済的取引仮説、ジェンダー・ディスプレイ仮説および2つの自治仮説を検証することである。

　分析対象をともに常勤職で週 35 時間以上働く日本の夫婦の妻に限定してもジェンダー・ディスプレイ仮説が支持されることは前章において明らかにされたところである。Sullivan (2011) はパートナーを持つ男性と女性の家事労働行動の実証分析に関する総括の中でごく一部の夫や妻だけに限定して家事労働におけるジェンダー・ディスプレイを論じるのではなく、もっと広い視野で夫あるいは妻の全体的な家事労働行動をあらためて分析するべきであると述べている。よって本章ではあらためて日本の共稼ぎ夫婦からなるサンプルから得られた妻のデータを用いて上の4つの仮説を検証し、実証分析の結果から政策的インプリケーションを導くこととする。

＊ 本章は安藤 (2015a) を加筆・修正したものである。本章は 2015 年度日本経済政策学会全国大会自由論題報告「アイデンティティ経済学と共稼ぎ夫婦の妻の家事労働行動：JPSC2000-2008 パネルデータを用いた実証分析」(2015 年 5 月 31 日)、ウィーン大学人文学部ワークショップ報告 "Identity Economics and Housework Behavior of Wives of Dual-Earner Couples: Empirical Analysis Using JPSC 2000-2008 Panel Data" (2015 年 10 月 8 日) にもとづいている。本章作成にあたっては上記学会において討論者の坂西明子先生 (奈良県立大学)、そしてフロアの先生方から貴重なコメントをいただきました。ここに記して感謝いたします。

2. 定式化

本章で用いる推定式は以下の (4.1)〜(4.3) 式である。

$$Y_w = \alpha_{0w} + \alpha_{1w}X + \alpha_{2w}X^2 + \boldsymbol{\alpha}_{3w}\boldsymbol{Z} + \varepsilon_1 \quad (4.1)$$

$$Y_w = \alpha_{0w} + \alpha_{1w}X + \alpha_{2w}X^2 + \beta_{1h}H + \beta_{1w}W + \boldsymbol{\alpha}_{3w}\boldsymbol{Z} + \varepsilon_2 \quad (4.2)$$

$$Y_w = \alpha_{0w} + \alpha_{1w}X + \alpha_{2w}X^2 + \beta_{1h}H + \beta_{11w}SplineW_1 + \beta_{12w}SplineW_2$$
$$+ \beta_{13w}SplineW_3 + \beta_{14w}SplineW_4 + \boldsymbol{\alpha}_{3w}\boldsymbol{Z} + \varepsilon_3 \quad (4.3)$$

ここで Y_w は妻の家事労働時間,X は妻の相対的所得,X^2 はその 2 乗項,H と W はそれぞれ夫および妻の絶対的所得,$SplineW_k$ ($k=1, 2, 3, 4$) は,常勤職に就く妻についてはその絶対的所得水準を 194.74 万円,296.15 万円,444.89 万円で,非常勤職に就く妻についてはその絶対的所得水準を 74.00 万円,96.00 万円,128.33 万円でそれぞれノットを打って 4 分位に分けるスプライン関数,$\boldsymbol{Z}$ はコントロール変数のベクトル,ε は誤差項である。前章で示したように (4.1) 式において α_{1w} が有意な負かつ α_{2w} が有意でないときには経済的取引仮説が,α_{1w} が有意な負かつ α_{2w} が有意な正のときにはジェンダー・ディスプレイ仮説が支持される。(4.2) 式において β_{1w} が有意ではなく α_{1w} が有意な負かつ α_{2w} が有意でないときには経済的取引仮説が,α_{1w} が有意な負かつ α_{2w} が有意な正のときにはジェンダー・ディスプレイ仮説が支持され,α_{1w} および α_{2w} が有意ではなく,かつ,β_{1w} が有意な負のときは Gupta の自治仮説が支持され,(4.3) 式において β_{11w},β_{12w},β_{13w} および β_{14w} が有意ではなく α_{1w} が有意な負かつ α_{2w} が有意でないときには経済的取引仮説が,β_{11w},β_{12w},β_{13w} および β_{14w} が有意ではなく α_{1w} が有意な負かつ α_{2w} が有意な正のときにはジェンダー・ディスプレイ仮説が支持され,α_{1w} および α_{2w} が有意ではなく,かつ,β_{11w},β_{12w},β_{13w} および β_{14w} が有意で $\beta_{11w} < \beta_{12w} < \beta_{13w} < \beta_{14w} < 0$ のときは Killewald and Gough の自治仮説が支持される。

3. 実証分析

3.1 サンプル

サンプルはJPSCの2000〜2009年に実施されたウェーブ8からウェーブ17までのデータを用い，夫婦が同居していること，夫婦ともに20歳以上60歳未満であること，夫と妻がともに勤め人であることという条件をすべて満たす回答者に限定した。ただし，健康状態などによる短期的な労働時間および所得に対する影響を取り除くため，夫と妻がともに家事労働時間が0の夫婦，夫と妻のうちいずれか一方でも労働時間が0の夫婦，夫と妻のうちいずれか一方でも所得が0の夫婦，そして夫もしくは妻の家事労働時間あるいは労働時間を1,440分（=24時間）と回答した夫婦をサンプルから除外した。また，既婚者でも夫と妻のいずれかが学生の夫婦と，1つでも無回答および非該当のあった回答者はサンプルから除外されている。この結果，最終的にサンプルに残った夫婦の数は，妻が常勤職に就く夫婦が1,603組，妻が非常勤職に就く夫婦が2,619組であり，得られたデータは2000年から2008年までのアンバランス・パネルデータである。2009年のデータがこのパネルデータに入っていないのは，JPSCの各ウェーブで回答している年収が調査時点における前年のものであるため，2009年のデータから2008年の夫と妻の年収を取得するためだけに用いたからである。

3.2 変数

従属変数は妻の平日1日当たり家事育児時間（分）であり，「本人生活時間（平日）家事育児」を用いた。独立変数は妻の相対的所得とその2乗項，夫と妻それぞれの実質絶対的所得である。絶対的所得に関しては回答者が翌年に実施された調査で回答した前年1年間の夫，妻および夫婦共通の「年収・勤め先」，「年収・事業」，「年収・社会給付」と「年収・その他」を用い，夫と妻それぞれのこれら各種年収を合計し，さらにこの合計金額に夫婦共通のそれら各種年収の50%ずつを加えたものを夫と妻それぞれの名目絶対的所得として算

出し,2005年基準のGDPデフレータ(連鎖方式)を用いて絶対的所得を実質化した[20]。妻の相対的所得は夫婦の総絶対的所得に対する妻の絶対的所得の比率により算出した。

　コントロール変数は,夫と妻それぞれの ① 平日1日当たり労働時間(分),② 教育歴,③ 年齢と,④ 同居する子どもの数,⑤ 同居する子どもなしダミー,⑥ 末子未就学児童ダミー,⑦ 末子小学生ダミー,⑧ 実母もしくは義母同居ダミー,⑨ 20歳以上の娘同居ダミー,⑩ 常勤職に就く夫ダミー,⑪ 居住地の規模である。① については「夫生活時間(平日)仕事」と「本人生活時間(平日)仕事」が用いられている。時間制約説によれば,妻の家事労働時間は自らの労働時間が長いほど短くなり,夫の労働時間が長いほど長くなる。② については「夫最高学歴」と「本人最高学歴」が用いられ,中学校卒業に1,高校を卒業せず入学した専門学校・専修学校卒業に2,高校卒業に3,高校を卒業後に入学した専門学校・専修学校卒業に4,短期大学・高等専門学校卒業に5,4年制大学卒業に6,大学院修了に7が与えられている。教育歴が長いほどジェンダー役割分業に否定的であるとすれば,夫と妻の教育歴の長さは妻の家事労働時間を減らすと考えられる。③,④,⑤,⑧,⑨ については「家族1人目」から「家族10人目」までの「続柄」,「性別」,「年齢」,「同居別居」を用いて作成した。⑥,⑦ については「末子就学状況」を用いた。③ については年齢が高いほどジェンダー役割分業に肯定的であるとすれば夫と妻の年齢の符号条件は正と考えられる。⑤ については同居する子どもがいない場合には1を,そうでない場合には0を,⑥ から ⑨ については該当する家族が同居している場合には1を,そうでない場合には0を与えている。子供の数が多いほど,また,未就学児童もしくは小学生の末子がいる場合には妻の家事労働時間は長くなると考えられるので ④,⑥ および ⑦ の符号条件はすべて正である。反対に子供がいない夫婦の場合には妻の家事労働時間は短くなると考えられるので ⑤ の符号条件は負である。実母あるいは義母,もしくは成人した娘が同居している場合にはこれらが妻の家事労働を代替する可能性があるため,

---

[20] 2005年基準GDPデフレータ(連鎖式)は内閣府経済社会総合研究所国民経済計算部編『国民経済計算年報　平成25年版』より取得した。

⑧および⑨の符号条件は負である。⑩については夫の「職務」を用い，夫が常勤職に就いている場合には1を，そうでない場合には0を与えた。夫が常勤職で働いている場合には夫の帰宅時間が遅くなり，その分だけ妻の家事労働時間は増えると考えられるため，⑩の符号条件は正である。⑪については「市郡規模」を用い，「町村」に1，「その他都市」に2，「大都市」に3が与えられている。大都市ほど単位面積当たりの家事労働代替財・サービスの供給量が多いと考えられるので，それを利用している場合には符号は負を示すと考えられる。

3.3　記述統計

記述統計は表4.1に示されている通りである。妻の平日1日当たり家事労働時間の平均値は常勤職に就く妻が214.00分，非常勤職に就く妻が291.29分で

表4.1　記述統計

変数	妻＝常勤職 ($n=1,603$)				妻＝非常勤職 ($n=2,619$)			
	最小値	最大値	平均値	標準偏差	最小値	最大値	平均値	標準偏差
妻の平日1日当たり家事労働時間(分)	0.000	900.000	213.999 ***	121.844	0.000	900.000	291.291	144.096
夫の平日1日当たり労働時間(分)	10.000	1320.000	611.684	118.991	240.000	1380.000	613.257	127.851
妻の平日1日当たり労働時間(分)	10.000	1020.000	506.294 ***	101.676	20.000	1080.000	359.973	110.404
夫の実質年収(万円, 2005年実質価格)	11.685	3437.816	535.817	299.653	4.137	6055.608	527.901	268.345
妻の実質年収(万円, 2005年実質価格)	1.947	3214.064	333.747 ***	202.723	0.987	6908.752	115.885	155.363
妻の相対的所得	0.005	0.971	0.381 ***	0.139	0.002	0.953	0.190	0.110
夫の最高学歴	1.000	7.000	4.100 ***	1.659	1.000	7.000	3.824	1.592
妻の最高学歴	1.000	7.000	4.167 ***	1.211	1.000	6.000	3.726	1.148
夫の年齢	23.000	63.000	39.711 **	7.452	23.000	61.000	40.368	6.793
妻の年齢	25.000	49.000	37.367 *	6.146	24.000	49.000	37.811	5.740
同居する子どもの数	0.000	5.000	1.530 ***	1.060	0.000	6.000	1.712	0.969
子どもなしダミー	0.000	1.000	0.220 ***	0.414	0.000	1.000	0.147	0.354
末子＝未就学児童ダミー	0.000	1.000	0.289 *	0.453	0.000	1.000	0.253	0.435
末子＝小学生ダミー	0.000	1.000	0.243 ***	0.429	0.000	1.000	0.346	0.476
実母もしくは義母同居ダミー	0.000	1.000	0.361 ***	0.480	0.000	1.000	0.293	0.455
20歳以上の娘同居ダミー	0.000	1.000	0.042	0.202	0.000	1.000	0.034	0.182
夫＝常勤職ダミー	0.000	1.000	0.961 **	0.193	0.000	1.000	0.942	0.235
居住地の規模	1.000	3.000	2.055	0.620	1.000	3.000	2.084	0.609

（注）　表中の***，**，*はそれぞれ0.1％，1％，5％で妻の就業上の地位によって当該変数の平均値が有意に異なることを表している。
（出所）　筆者作成。

あり，両者は 0.1%水準で有意に異なる。夫の平日 1 日当たり労働時間の平均値は常勤職に就く妻を持つ夫の場合が 611.68 分，非常勤職に就く妻を持つ夫の場合が 613.26 分で両者にはほぼ差はなく，10%水準でも有意差はない。これに対して妻の平日 1 日当たり労働時間の平均値は常勤職の妻が 506.29 分，非常勤の妻が 359.97 分で前者が後者よりも 146.32 分長く，0.1%で有意差が確認される。2005 年価格で見た夫の実質年収の平均値は，妻が常勤職で働いている場合には 535.82 万円，妻が非常勤職で働いている場合には 527.90 万円で有意差はない。他方，常勤職の妻と非常勤職の妻の実質年収の平均値はそれぞれ 333.75 万円と 115.89 万円であり，両者は 0.1%で有意に異なる。これらは妻の相対的所得の平均値にも反映され，常勤職に就く妻が 0.38，非常勤職に就く妻が 0.19 と前者が後者の 2 倍であり，統計学的にも 0.1%で有意に異なる。夫と妻の最高学歴の平均値は常勤職で働く妻を持つ夫とその妻がそれぞれ 4.10 と 4.17 であるのに対して非常勤職に就く妻を持つ夫とその妻の場合には 4 を下回ってそれぞれ 3.82 と 3.73 であり，ともに 0.1%で有意に異なる。常勤職で働く妻の夫とその妻の平均年齢がそれぞれ 39.71 歳と 37.37 歳であるのに対して，非常勤職で働く妻を持つ夫とその妻の平均年齢はそれぞれ 40.37 歳と 37.81 歳であり，夫の平均年齢については 1%で，妻の平均年齢については 5%でそれぞれ有意差がある。同居する子どもの数の平均値は妻が常勤職で働いている夫婦の場合には 1.53 人，妻が非常勤職で働いている夫婦の場合には 1.71 人であり，両者は 0.1%で統計学的に有意に異なる。常勤職に就く妻と非常勤職に就く妻の子どもなしダミーの平均値はそれぞれ 0.22 と 0.15 で，0.1%水準で統計学的有意差が確認される。末子＝未就学児童ダミー，末子＝小学生ダミー，実母もしくは義母同居ダミー，20 歳以上の娘同居ダミーおよび夫＝常勤職ダミーの平均値は妻が常勤職の場合にはそれぞれ 0.29, 0.24, 0.36, 0.04, 0.96 であるのに対して妻が非常勤職の場合にはそれぞれ 0.25, 0.35, 0.29, 0.03, 0.94 である。これらのうち末子＝未就学児童ダミー，末子＝小学生ダミー，実母もしくは義母同居ダミーそして夫＝常勤職ダミーの平均値は妻の就業形態によりそれぞれ 5%, 0.1%, 0.1%, 1%で有意に異なる。最後に居住地の規模の平均値については妻が常勤職で働いている夫婦が 2.06，妻が非常勤職で働いている夫婦が 2.08 であり，両者に有意差はない。

3.4 度数分布表

表4.2 妻の相対的所得の度数分布表（妻＝常勤職, n=1,603）

階　級	度　数	累積度数	相対度数	累積相対度数
0.0 以上 0.1 未満	51	51	0.032	0.032
0.1 以上 0.2 未満	112	163	0.070	0.102
0.2 以上 0.3 未満	259	422	0.162	0.263
0.3 以上 0.4 未満	413	835	0.258	0.521
0.4 以上 0.5 未満	516	1,351	0.322	0.843
0.5 以上 0.6 未満	179	1,530	0.112	0.955
0.6 以上 0.7 未満	47	1,577	0.029	0.984
0.7 以上 0.8 未満	14	1,591	0.009	0.993
0.8 以上 0.9 未満	9	1,600	0.006	0.998
0.9 以上 1.0 未満	3	1,603	0.002	1.000
1.0	0	1,603	0.000	1.000
合　計	1,603	―	1.000	―

（出所）　筆者作成。

表4.3 妻の相対的所得の度数分布表（妻＝非常勤職, n=2,619）

階　級	度　数	累積度数	相対度数	累積相対度数
0.0 以上 0.1 未満	482	482	0.301	0.184
0.1 以上 0.2 未満	1,126	1,608	0.702	0.614
0.2 以上 0.3 未満	661	2,269	0.412	0.866
0.3 以上 0.4 未満	216	2,485	0.135	0.949
0.4 以上 0.5 未満	100	2,585	0.062	0.987
0.5 以上 0.6 未満	21	2,606	0.013	0.995
0.6 以上 0.7 未満	2	2,608	0.001	0.996
0.7 以上 0.8 未満	3	2,611	0.002	0.997
0.8 以上 0.9 未満	6	2,617	0.004	0.999
0.9 以上 1.0 未満	2	2,619	0.001	1.000
1.0	0	2,619	0.000	1.000
合　計	2,619	―	1.000	―

（出所）　筆者作成。

常勤職に就く妻と非常勤職に就く妻の相対的所得の度数分布表はそれぞれ表 4.2 および表 4.3 に示されている。常勤職に就く妻については中央値が 0.3 以上 0.4 未満，最頻値が 0.4 以上 0.5 未満である。0.5 未満までの累積相対度数は 0.843 であり，妻が常勤職で働いている夫婦でもその全体の 84.3％が妻の所得が夫のそれを下回っていることがわかる。また，非常勤職に就く妻については中央値，最頻値ともに 0.1 以上 0.2 未満で，0.5 未満まででその累積相対度数は 0.987 に達し，妻が非常勤職で働いている夫婦ではその全体の 98.7％が妻の所得が夫のそれを下回っていることがわかる。

次に常勤職に就く妻と非常勤職に就く妻の家事労働時間の度数分布表はそれぞれ表 4.4 および表 4.5 に示されている。前者については中央値が 180 分以上 240 分未満，最頻値が 120 分以上 180 分未満である。後者については中央値，最頻値ともに 240 分以上 300 分未満である。

表 4.4　妻の家事労働時間の度数分布表（妻＝常勤職，$n=1{,}603$）

階　級	度　数	累積度数	相対度数	累積相対度数
0 分以上 60 分未満	31	31	0.019	0.019
60 分以上 120 分未満	193	224	0.120	0.139
120 分以上 180 分未満	373	597	0.233	0.372
180 分以上 240 分未満	349	946	0.218	0.590
240 分以上 300 分未満	268	1,214	0.167	0.757
300 分以上 360 分未満	193	1,407	0.120	0.877
360 分以上 420 分未満	84	1,491	0.052	0.930
420 分以上 480 分未満	43	1,534	0.027	0.957
480 分以上 540 分未満	32	1,566	0.020	0.977
540 分以上 600 分未満	13	1,579	0.008	0.985
600 分以上 660 分未満	9	1,588	0.006	0.990
660 分以上 720 分未満	6	1,594	0.004	0.994
720 分以上	9	1,603	0.006	1.000
合　計	1,603	―	1.000	―

（出所）　筆者作成。

表 4.5 妻の家事労働時間の度数分布表（妻＝非常勤職，n＝2,619）

階　　級	度　　数	累積度数	相対度数	累積相対度数
0 分以上 60 分未満	17	17	0.006	0.006
60 分以上 120 分未満	133	150	0.051	0.057
120 分以上 180 分未満	327	477	0.125	0.182
180 分以上 240 分未満	424	901	0.162	0.344
240 分以上 300 分未満	466	1,367	0.178	0.521
300 分以上 360 分未満	408	1,775	0.156	0.677
360 分以上 420 分未満	303	2,078	0.116	0.793
420 分以上 480 分未満	199	2,277	0.076	0.869
480 分以上 540 分未満	140	2,417	0.053	0.922
540 分以上 600 分未満	88	2,505	0.034	0.956
600 分以上 660 分未満	72	2,577	0.027	0.983
660 分以上 720 分未満	25	2,602	0.010	0.993
720 分以上	17	2,619	0.006	1.000
合　　計	2,619	―	1.000	―

（出所）　筆者作成。

3.5　実証分析の結果

3.5.1　常勤職に就く妻

　常勤職に就く妻の 3 本の推定式の推定結果と Hausman 検定の結果は表 4.6 に示されている。Hausman 検定の結果はすべて 10％水準でも有意ではなく，変量効果モデルを支持している。(4.1) 式の推定結果において妻の相対的所得とその 2 乗項はともに符号条件を満たして有意であり，ジェンダー・ディスプレイ仮説が支持されている。(5.2) 式の推定結果においても妻の相対的所得とその 2 乗項はともに符号条件を満たして有意であるが，妻の絶対的所得は符号条件こそ満たしているものの有意ではなく，Gupta の自治仮説は棄却されてジェンダー・ディスプレイ仮説が支持されている。さらに (4.3) 式の推定結果においてもやはり妻の相対的所得とその 2 乗項はともに符号条件を満たして有意であるが，4 分位に分けた妻の絶対的所得のスプライン関数については符号条件を満たしているのは第 2 分位と第 3 分位だけであり，しかもすべての分位で有意でなく，Killewald and Gough の自治仮説は棄却され，やはりジェ

3. 実証分析　85

表 4.6　常勤職に就く妻の推定結果

説　明　変　数	(4.1) 式 固定効果モデル 推定係数	(4.1) 式 固定効果モデル t値	(4.1) 式 変量効果モデル 推定係数	(4.1) 式 変量効果モデル t値	(4.2) 式 固定効果モデル 推定係数	(4.2) 式 固定効果モデル t値	(4.2) 式 変量効果モデル 推定係数	(4.2) 式 変量効果モデル t値	(4.3) 式 固定効果モデル 推定係数	(4.3) 式 固定効果モデル t値	(4.3) 式 変量効果モデル 推定係数	(4.3) 式 変量効果モデル t値
定数項	614.860	0.517	398.735	9.958***	625.422	0.526	391.696	9.167***	513.278	0.430	386.795	8.692***
妻の相対的所得	-46.977	-0.616	-176.459	-2.878**	-33.800	-0.373	-152.979	-2.125*	-238.166	-1.660†	-245.847	-2.130*
妻の相対的所得の 2 乗	12.250	0.132	178.341	2.352*	5.795	0.060	169.232	2.188*	173.789	1.366	249.217	2.414*
夫の実質年収					0.010	0.689	0.009	0.759	-0.009	-0.514	0.000	0.003
妻の実質年収					0.007	0.276	-0.010	-0.422				
Spline												
妻の実質年収：第 1 分位									0.354	2.188*	0.178	1.364
妻の実質年収：第 2 分位									-0.001	-0.008	-0.082	-0.854
妻の実質年収：第 3 分位									-0.020	-0.229	-0.008	-0.111
妻の実質年収：第 4 分位									0.021	0.751	0.004	0.143
夫の労働時間	0.101	3.348***	0.104	4.501***	0.103	3.393***	0.104	4.505***	0.100	3.276***	0.102	4.436***
妻の労働時間	-0.309	-7.335***	-0.423	-14.493***	-0.309	-7.312***	-0.425	-14.509***	-0.305	-7.212***	-0.424	-14.442***
夫の最高学歴	-84.395	-0.250	-1.260	-0.487	-88.174	-0.261	-1.357	-0.520	-58.489	-0.172	-1.246	-0.473
妻の最高学歴	(omitted)		2.759	0.764	(omitted)		2.754	0.760	(omitted)		2.935	0.806
夫の年齢	15.384	0.183	-2.030	-2.215**	16.082	0.191	-2.047	-2.235**	8.646	0.102	-2.069	-2.251*
妻の年齢	-14.937	-0.178	1.419	1.274	-15.916	-0.189	1.399	1.244	-8.213	-0.097	1.458	1.292
同居する子どもの数	6.463	0.977	3.633	0.825	6.775	1.022	3.773	0.856	6.394	0.962	3.437	0.777
子どもなしダミー	-67.989	-3.966***	-66.604	-5.288***	-68.472	-3.987***	-66.493	-5.270***	-66.355	-3.848***	-65.663	-5.189***
末子＝未就学児童ダミー	63.390	5.345***	61.797	6.529***	63.097	5.315***	61.764	6.510***	64.958	5.454***	62.939	6.604***
末子＝小学生ダミー	22.137	2.655**	19.089	2.644**	21.951	2.631**	19.072	2.636**	23.077	2.762**	19.668	2.712**
実母もしくは義母同居ダミー	-25.661	-2.174*	-19.975	-2.866**	-25.348	-2.145*	-19.926	-2.859**	-24.616	-2.080*	-19.733	-2.823**
20 歳以上の娘同居ダミー	2.863	0.229	3.495	0.303	3.163	0.252	3.633	0.315	1.566	0.125	3.228	0.279
夫＝常勤職ダミー	-0.950	-0.059	9.215	0.727	-0.781	-0.048	9.496	0.748	-1.094	-0.068	9.825	0.773
居住地の規模	-2.772	-0.269	4.518	0.836	-2.561	-0.248	4.603	0.852	-3.657	-0.354	4.427	0.818
$R^2 within$	0.175		0.167		0.176		0.167		0.180		0.170	
$R^2 between$	0.105		0.481		0.100		0.482		0.160		0.482	
$R^2 overall$	0.085		0.400		0.081		0.400		0.132		0.400	
サンプル数	1,603		1,603		1,603		1,603		1,603		1,603	
グループ数	500		500		500		500		500		500	
Hausman 検定 χ^2(Prob<χ^2)	15.10 (0.3009)				14.23 (0.3577)				19.71 (0.1832)			

(注)　***, **, *はそれぞれ 0.1％, 1％, 5％で有意であることを表している。
(出所)　筆者作成。

ンダー・ディスプレイ仮説が支持されている。(4.2) 式および (4.3) 式では夫の絶対的所得は従属変数と正の相関関係を持っているがともに有意ではない。

　3 本の変量効果モデルの推定結果からコントロール変数についても見ておこう。夫と妻の労働時間はともに 0.1％で有意であり，しかも符号条件を満たして，時間制約説が支持されることが確認できる。夫と妻の最高学歴はともに有意ではない。年齢については夫のそれが従属変数と 5％で有意ではあるが予想

される符号条件とは逆の負の推定係数を示している。これに対して妻の年齢は予想される符号と同じく正の推定係数を示してはいるが有意ではない。同居する子どもの数の推定係数も予想される符号を満たして正ではあるが有意ではない。ただし同居する子どもがいない場合のダミー変数は0.1%で有意な負の相関関係を持っている。末子＝未就学児童ダミーと末子＝小学生ダミーはそれぞれ0.1%と1%で有意な正の符号を示している。同居する家族の中で妻の家事労働の代替的人材と考えられる実母もしくは義母の同居は有意に妻の家事労働時間を引き下げるが、20歳以上の娘の同居は有意ではない。夫＝常勤職ダミーは符号条件を満たしているが有意ではなく、居住地の規模は符号条件を満たさず有意ではない。

3.5.2 非常勤職に就く妻

非常勤職に就く妻の3本の推定式の推定結果とHausman検定の結果は表4.7に示されている。Hausman検定の結果は (4.1) 式および (4.2) 式についてはともに5%で有意であり、固定効果モデルが支持されている。これに対して (4.3) 式は10%でも有意ではなく、変量効果モデルが支持されている。(4.1) 式および (4.2) 式の固定効果モデル、そして (4.3) 式の変量効果モデルの推定結果すべてにおいて妻の相対的所得とその2乗項はともに符号条件を満たしているが有意ではなく、経済的取引仮説とジェンダー・ディスプレイ仮説はともに棄却される。(4.2) 式の固定効果モデルの推定結果において妻の絶対的所得は符号条件を満たしているが有意ではなく、Guptaの自治仮説は棄却される。(4.3) 式の変量効果モデルの推定結果では妻の絶対的所得は第2分位および第3分位のみ符号条件を満たしているだけで、すべての分位で有意ではない。したがって Killewald and Gough の自治仮説も棄却される。

コントロール変数についても見ておこう。夫と妻の労働時間はともに時間制約説の符号条件を満たしながら0.1%水準で有意である。(4.3) 式の変量効果モデルの推定結果における夫と妻の最高学歴も、すべての推定結果における夫と妻の年齢も有意ではない。同居する子どもの数は、(4.1) 式と (4.2) 式の固定効果モデルの推定結果では有意水準10%をわずかに満たしていないが妻の家事労働時間と弱い正の相関関係を、また、(4.3) 式の変量効果モデルの推定

3. 実証分析　87

表4.7　非常勤職に就く妻の推定結果

説　明　変　数	(4.1) 式				(4.2) 式				(4.3) 式			
	固定効果モデル		変量効果モデル		固定効果モデル		変量効果モデル		固定効果モデル		変量効果モデル	
	推定係数	t値	推定係数	t値	推定係数	t値	推定係数	t値	推定係数	t値	推定係数	t値
定数項	376.268	1.824†	449.566	11.465***	375.817	1.819†	453.052	11.514***	358.770	1.725†	441.094	10.535***
妻の相対的所得	-37.501	-0.453	-137.177	-2.196*	-34.374	-0.350	-160.495	-2.426*	31.310	0.217	-125.638	-1.155
妻の相対的所得の2乗	27.665	0.216	130.814	1.387	28.063	0.217	133.925	1.391	-36.636	-0.220	102.732	0.800
夫の実質年収					-0.001	-0.068	-0.012	-1.006	0.003	0.192	-0.009	-0.659
妻の実質年収					-0.008	-0.129	0.014	0.772				
Spline												
妻の実質年収：第1分位									-0.022	-0.066	0.097	0.369
妻の実質年収：第2分位									-0.417	-0.927	-0.293	-0.760
妻の実質年収：第3分位									-0.034	-0.101	-0.039	-0.136
妻の実質年収：第4分位									-0.008	-0.120	0.015	0.788
夫の労働時間	0.105	3.865***	0.069	3.322***	0.106	3.866***	0.069	3.304***	0.106	3.858***	0.069	3.318***
妻の労働時間	-0.404	-12.459***	-0.425	-16.588***	-0.404	-12.331***	-0.423	-16.391***	-0.401	-12.149***	-0.421	-16.057***
夫の最高学歴	(omitted)		2.156	0.798	(omitted)		2.422	0.889	(omitted)		2.478	0.907
妻の最高学歴	(omitted)		-0.747	-0.206	(omitted)		-0.666	-0.183	(omitted)		-0.682	-0.187
夫の年齢	48.768	0.640	-1.132	-1.060	48.596	0.637	-1.085	-1.016	49.924	0.654	-1.074	-1.004
妻の年齢	-52.335	-0.687	-0.501	-0.399	-52.127	-0.683	-0.450	-0.358	-53.258	-0.698	-0.384	-0.304
同居する子どもの数	11.441	1.557	15.803	3.423***	11.480	1.560	15.928	3.449***	11.565	1.570	15.886	3.436***
子どもなしダミー	-58.371	-2.696**	-69.323	-5.178***	-58.384	-2.695**	-69.235	-5.166***	-58.955	-2.717**	-69.566	-5.181***
末子＝未就学児童ダミー	29.688	2.358**	55.494	5.696***	29.593	2.346*	55.075	5.640***	29.255	2.315*	54.943	5.618***
末子＝小学生ダミー	-1.008	-0.125	6.116	0.954	-1.064	-0.132	6.117	0.907	-0.999	-0.123	5.988	0.886
実母もしくは義母同居ダミー	-15.735	-1.241	-6.538	-0.895	-15.735	-1.240	-6.715	-0.919	-15.835	-1.246	-6.847	-0.935
20歳以上の娘同居ダミー	-17.821	-1.221	-21.989	-1.673†	-17.755	-1.216	-21.599	-1.643†	-17.460	-1.194	-21.441	-1.629
夫＝常勤職ダミー	9.687	0.717	9.684	0.919	9.703	0.717	9.495	0.900	10.024	0.740	9.690	0.916
居住地の規模	-4.873	-0.421	-3.475	-0.619	-4.890	-0.422	-3.522	-0.628	-4.748	-0.410	-3.405	-0.606
$R^2 within$	0.147		0.142		0.147		0.142		0.147		0.143	
$R^2 between$	0.041		0.403		0.041		0.404		0.039		0.404	
$R^2 overall$	0.029		0.314		0.029		0.315		0.028		0.315	
サンプル数	2,619		2,619		2,619		2,619		2,619		2,619	
グループ数	786		786		786		786		786		786	
*Hausman*検定 χ^2(Prob<χ^2)	26.97 (0.0194)*				27.97 (0.0217)*				23.20 (0.1085)			

(注)　***，**，*，†はそれぞれ0.1%，1%，5%，10%で有意であることを表している。
(出所)　筆者作成。

結果では0.1%で有意な正の相関関係を示している。(4.1)〜(4.3)式すべての推定結果から同居する子どもがいない妻の場合にはその家事労働時間は有意に引き下げられることがわかる。すべての推定結果において末子＝未就学児童ダミーは符号条件を満たして有意であるのに対し，末子＝小学生ダミーは(4.1)式と(4.2)式の固定効果モデルでは符号条件を満たさず，また，(4.3)式の変量効果モデルの推定結果においては符号条件を満たしつつも有意ではない。実

母もしくは義母同居ダミー,常勤職に就く夫ダミーと居住地の規模はすべての推定結果において予想される符号条件を満たしているが有意ではない。20歳以上の娘同居ダミーは(4.1)式および(4.2)式の固定効果モデルでは符号条件を満たしているが有意ではない。ただし,(4.3)式の変量効果モデルでは符号条件を満たしてほぼ10%で有意である。

4. 結論

本章では JPSC のウェーブ8からウェーブ17までのデータを用いて2000年から2008年までのパネルデータを作成し,妻の家事労働行動に関する経済的取引仮説とジェンダー・ディスプレイ仮説を検証すると同時に,2つの自治仮説をも検証した。その結果,第1に,常勤職で働く妻の家事労働行動はジェンダー・ディスプレイ仮説により支持されることが明らかにされた。そして,第2に,非常勤職で働く妻の家事労働行動では上記4つの仮説すべてが棄却されることが明らかにされた。

前章では,ともに常勤職で週平均35時間以上働く夫婦の妻の家事労働行動はジェンダー・ディスプレイ仮説により支持されており,日本社会には「妻は常勤職で働くべきではない」というジェンダー行動規範が存在することが明らかにされた。本研究の実証分析の結果は,たとえそのようないわば夫と対等に働き稼ぐ妻でなくても,「妻は常勤職で働くべきではない」というジェンダー行動規範が存在することを意味している。常勤職に就く妻の(4.1)式の変量効果モデルの推定結果を用いて算出すれば,そのような妻はその相対的所得が0%から49.47%まで上昇するにつれて家事労働時間を引き下げるが,49.47%を上回ると一転して家事労働時間を増やす行動に出ることになる。女性の常勤職での雇用増加と就業継続,女性の労働供給時間の増加,男女間の賃金格差是正は政府の重要な課題である。しかし,これらによってもたらされる常勤職に就く妻の所得の増加は,他の事情に何ら変化がなければ,その相対的所得を上昇させ,それが49.47%を超えるとき,仕事と家事労働の負担が徐々に妻に偏り始め,ワーク・ライフ・アンバランスが発生してゆくことになる。したがっ

て政府は，女性の常勤職での雇用促進・継続，男女間賃金格差是正や所得の引上げに加え，「妻は常勤職で働くべきではない」という行動規範を撤廃し，妻が夫との間でその相対的所得と家事労働時間を取引できるようにすべきであるというのがアイデンティティ経済学からの政策的インプリケーションとなる。また，しばしば指摘されることではあるが，夫の労働時間削減も政府の重要な役割となることを最後に付け加えておく。

謝辞
　本研究は公益財団法人家計経済研究所から「消費生活に関するパネル調査」の個票データをお借りすることで実現しました。ここに記して感謝いたします。

第 5 章

JPSC2000−2008 を用いた
Akerlof and Kranton 仮説の検証

1. 序論

　日本における夫や妻の家事労働行動におけるジェンダー・ディスプレイの実証分析はアンケート調査にもとづく仮想実験を用いた Ando (2011)，多変量解析を用いた安藤 (2010) や本書第 2, 3, 4 章および Ando (2012a, 2012b) により検証されてきたが，それらはすべてその可能性を明らかにしている。本書第 2, 3, 4 章と Ando (2012a) が従属変数として夫もしくは妻の家事労働時間を，Ando (2012b) が夫もしくは妻の家事労働回数を用いているのに対し，安藤 (2010) は Akerlof and Kranton (2000) と同じく従属変数として夫の家事労働時間分担比率を用いている。しかし，そのサンプルは Akerlof and Kranton (2000) のそれとは異なり共稼ぎ夫婦ではないこと，パネルデータを用いていないこと，夫の家庭外労働時間分担比率を除く独立変数，つまりコントロール変数に大きな制約があったこと，夫の相対的所得が独立変数として用いられた推定が欠如していることという点で同仮説の正確な検証が行われていない。よって本章ではこの Akerlof and Kranton (2000) の仮説を公益財団法人家計経済研究所が実施している「消費生活に関するパネル調査」(JPSC) の 2000 年から 2009 年までの各ウェーブから得られた 2000 年から 2008 年までのパネルデータを用いて改めて検証することとする。なお，本章では次節で示すように 2 次関数，つまりジェンダー・ディスプレイモデルのみ推定し，1 次関数，3 次関数および 4 次関数の推定は行わないこととする。

2. 定式化

Akerlof and Kranton (2000) の主張を検証するにあたり，(5.1) 式および (5.2) 式により表される2本のジェンダー・ディスプレイモデルを推定する。

$$HWKS_h = \alpha_1 RELAINC_h + \alpha_2 RELAINC_h^2 + \alpha_3 AGE_h/AVGAGE_h$$
$$+ \alpha_4 AGE_w/AVGAGE_w + \alpha_5 logRINC_c + \alpha_6 HWK_c + \varepsilon_{h,1} \quad (5.1)$$
$$HWKS_h = \beta_1 WKS_h + \beta_2 WKS_h^2 + \alpha_3 AGE_h/AVGAGE_h$$
$$+ \alpha_4 AGE_w/AVGAGE_w + \alpha_5 logRINC_c + \alpha_6 HWK_c + \varepsilon_{h,2} \quad (5.2)$$

ここで $HWKS_h$ は夫の家事労働時間分担比率，$RELAINC_h$ は夫の相対的所得，WKS_h は夫の家庭外労働時間分担比率，AGE_h と AGE_w は夫と妻それぞれの年齢，$AVGAGE_h$ と $AVGAGE_w$ はサンプルに含まれる夫と妻それぞれの平均年齢，$logRINC_c$ は2005年実質価格で表された夫婦実質総所得，そして HWK_c は夫婦の総家事労働時間を表している。また，$\varepsilon_{h,n}$ は ($n=1, 2$) は各推定式における誤差項を表している。なお，Akerlof and Kranton (2000) は夫の家事労働時間分担行動に関する推定式をトービット・モデルで推定しており，ここでもそれに従うこととする。

Akerlof and Kranton (2000) では子どもがいないか末子年齢が14歳以上，末子年齢が0歳から5歳，そして末子年齢が6歳から13歳までの3種類のカップルについて上記 (5.1) 式および (5.2) 式を推定している。また，本書ではサンプルを末子の年齢ではなくその就学状況により3種類に分類する。具体的には，① 子どもがいないか末子が中学生以上，② 末子が未就学児童，③ 末子が小学生の3種類である。

3. 実証分析

3.1 サンプル

Akerlof and Kranton (2000) は PSID の 1983 年から 1992 年までのパネ

ルデータを用い，サンプルとして結婚していること，ともに退職・退官していないこと，ともに障がいを持っていないこと，当該夫婦の総労働時間，総所得，総家事労働時間これらすべてが正であることという条件を満たし，所得，労働時間，家事労働時間，子どもの数これらすべてに関してデータが揃う夫婦を選んでいる。したがってそのサンプルを構成する夫婦は共稼ぎ夫婦ではない。本章では基本的にこの Akerlof and Kranton (2000) の条件に加え，夫と妻が同居しているという条件をも満たす共稼ぎ夫婦をサンプルとして選んだ。その結果，子どもがいないか末子が中学生以上の夫婦のサンプル数は 1,879，末子が未就学児童の夫婦のサンプル数は 1,237，末子が小学生の夫婦のサンプル数は 1,375 となった。

3.2 変数

まず従属変数は夫と妻の平日における家事労働時間分担比率であり，夫と妻の「生活時間（平日）家事育児」の「時間」および「分」から算出した。第 1 の独立変数は夫の相対的所得である。JPSC の各ウェーブで回答している年収は調査時点における前年のものである。したがって使用したデータは回答者が翌年に実施された調査で回答した前年 1 年間の夫と妻それぞれの「年収・勤め先」，「年収・事業」，「年収・社会給付」および「年収・その他」と，夫婦共通のこれら各年収であり，夫と妻それぞれの年収については，夫と妻それぞれについてこれら 4 種類の年収を合計した総年収とウェイトを 0.5 とする夫婦共通の総年収を合計してまず算出し，2005 年基準の GDP デフレータを用いて実質化した[21]。そして夫と妻それぞれの総年収を合計して夫婦の総年収とし，夫の総年収を夫婦の総年収で除することで夫の相対的所得を算出した。これに代わる第 1 の独立変数は夫の家庭外労働時間分担比率であり，夫と妻の「生活時間（平日）仕事」の「時間」と「分」を用い，夫の平日の仕事時間を夫婦の総仕事時間で除することで算出した。

第 1 および第 2 のコントロール変数は夫と妻それぞれのサンプル平均年齢に

---

[21] 2005 年基準 GDP デフレータ（連鎖式）は内閣府経済社会総合研究所国民経済計算部編『国民経済計算年報　平成 25 年版』より取得した。

対するそれぞれの年齢の比率であり，夫と妻の「年齢」から算出した。夫であれ妻であれ，年齢が高いほどジェンダー役割意識を肯定する傾向があるとするジェンダー役割仮説に従うならば，これら2つの独立変数の符号条件は負である。第3のコントロール変数は夫婦総所得の対数値である。もし夫婦総所得に夫の所得が占める割合が大きければ夫はその所得を増やすことで夫婦の総所得を増やし，その家事労働時間分担比率を引き下げるとすれば予想される符号条件は負であると考えられる。第4のコントロール変数は夫婦の総家事労働時間であり，上で算出された夫と妻の家事労働時間を合計して求めた。夫の家事労働規定要因の1つであるニーズ説に従えば，夫婦の総家事労働時間が多くなるほど夫の家事労働への参加も増加すると考えられ，したがって予想される符号条件は正である。

3.3 記述統計

子供の存在および末子の就学状況による記述統計は表 5.1 に示されている。

表 5.1 記述統計量

変数	①子どもなし・末子中学生以上 ($n=1{,}802$)				②末子未就学児童 ($n=1{,}129$)				③末子小学生 ($n=1{,}295$)				平均値の有意差検定		
	最小値	最大値	平均値	標準偏差	最小値	最大値	平均値	標準偏差	最小値	最大値	平均値	標準偏差	①-②	②-③	①-③
夫の家事労働時間分担比率	0.000	1.000	0.085	0.150	0.000	1.000	0.165	0.162	0.000	0.750	0.095	0.137	***	***	†
夫の相対的所得	0.029	0.998	0.717	0.158	0.118	0.995	0.733	0.151	0.029	0.996	0.769	0.142		***	***
夫の相対的所得の2乗	0.001	0.995	0.539	0.212	0.014	0.990	0.560	0.209	0.001	0.992	0.611	0.201		***	***
夫の家庭外労働時間分担比率	0.308	0.960	0.590	0.087	0.167	0.952	0.604	0.091	0.400	0.977	0.613	0.089	***	*	***
夫の家庭外労働時間分担比率の2乗	0.095	0.922	0.355	0.109	0.028	0.907	0.373	0.115	0.160	0.954	0.383	0.114	***	*	***
夫の年齢	23.000	63.000	42.329	7.861	23.000	53.000	35.260	5.229	27.000	59.000	41.244	4.932	***	***	***
妻の年齢	24.000	49.000	39.429	6.537	24.000	45.000	33.221	4.333	24.000	48.000	38.980	3.848	***	***	***
夫の年齢／夫の平均年齢	0.556	1.523	1.000	0.186	0.647	1.511	1.000	0.148	0.650	1.421	1.000	0.120			
妻の年齢／妻の平均年齢	0.597	1.277	1.000	0.165	0.732	1.342	1.000	0.129	0.620	1.240	1.000	0.098			
夫婦の実質総所得（万円，2005年価格）	37.244	8026.071	779.496	415.521	44.467	4148.075	655.763	334.495	42.146	3500.000	723.514	328.591	***	***	***
夫婦の総家事労働時間（分）	20.000	750.000	227.336	120.203	60.000	2880.000	401.240	187.577	30.000	900.000	306.425	139.721	***	***	***

（注）表中の有意差検定における***, **, *, †はそれぞれ 0.1%, 1%, 5%, 10%で有意であることを示している。
（出所）筆者作成。

子供の存在および末子就学状況の違いによらずサンプル平均年齢に対する夫および妻の年齢の比率はその平均値が1になるので夫と妻それぞれの年齢に関する記述統計も示されている。子供の存在および末子就学状況の違いにより各変数の平均値に統計学的な有意差があるかどうかは同表の右3列に示されており，同比率を除いてすべての変数について10％水準以上で有意差がある。

3.4 実証分析の結果

トービット・モデルによる実証分析の結果は表5.2に示されている。まず(5.1)式の推定結果から見よう。子どもがいないもしくは末子が中学生以上の夫婦の夫については，夫の相対的所得が符号条件を満たさずに10％水準で，その2乗項は符号条件を満たして0.1％水準で有意であり，夫はその相対的所得が一定の水準を下回ると家事労働時間分担比率を引き下げ始める領域が現れるという意味ではジェンダー・ディスプレイ仮説を支持している。次に末子が未就学児童の夫婦の夫の推定結果を見よう。夫の相対的所得は符号条件を満たさず5％水準で，その2乗項は符号条件を満たして0.1％水準で有意であり，

表5.2 推定結果（トービット・モデル）

説明変数	①子どもなし・末子中学生以上				②末子未就学児童				③末子小学生			
	(5.1)式		(5.2)式		(5.1)式		(5.2)式		(5.1)式		(5.2)式	
	推定係数	z値	推定係数	z値	推定係数	z値	推定係数	z値	推定係数	z値	推定係数	z値
定数項	-0.182	-1.016	2.412	7.589***	0.031	0.208	1.684	7.990***	0.014	0.073	1.724	5.315***
夫の相対的所得	0.577	1.799†			0.744	2.522*			-0.272	-0.742		
夫の相対的所得の2乗	-1.013	-4.085***			-0.898	-4.189***			-0.202	-0.773		
夫の家庭外労働時間分担比率			-6.784	-7.295***			-3.800	-6.738***			-5.244	-5.666***
夫の家庭外労働時間分担比率の2乗			4.214	5.583***			2.043	4.546***			3.191	4.361***
夫の年齢／夫の平均年齢	0.263	2.676**	0.094	1.011	0.091	1.504	0.020	0.361	0.142	1.545	0.095	1.095
妻の年齢／妻の平均年齢	-0.538	-4.764***	-0.451	-4.217***	-0.196	-2.811**	-0.125	-1.989*	-0.199	-1.753†	-0.120	-1.114
夫婦総所得(対数値)	0.051	2.455*	0.030	1.540	0.007	0.478	-0.008	-0.592	0.040	2.238*	0.023	1.355
夫婦総家事労働時間	0.001	7.285***	0.001	7.857***	0.000	7.761***	0.000	10.132***	0.000	5.735***	0.000	7.539***
総サンプル数	1,802		1,802		1,129		1,129		1,295		1,295	
センサーされなかったサンプル数	637		637		786		786		597		597	
χ^2	224.40***		306.26***		171.44***		362.01***		127.77***		233.75***	
Pseudo R^2	0.132		0.180		0.370		0.782		0.130		0.238	

(注) 表中の***，**，*，†はそれぞれ0.1％，1％，5％，10％で有意であることを示している。
(出所) 筆者作成。

子どもがいないもしくは末子が中学生以上の夫婦の夫の場合と同様に広義のジェンダー・ディスプレイ仮説を支持している。最後に末子が小学生の夫婦の夫の推定結果について見ておこう。夫の相対的所得とその2乗項はともに符号条件を満たしているが10％水準でも有意ではなく，経済的取引仮説もジェンダー・ディスプレイ仮説も支持していない。

独立変数に夫の家庭外労働時間分担比率とその2乗項を用いた (5.2) 式の推定結果では子供の存在および末子就学状況の違いによらず前者が符号条件を満たしているのに対して後者はジェンダー・ディスプレイ仮説の符号条件を満たしていない。しかも推定係数の絶対値は非常に大きくなっている。

(5.1) 式の推定結果からコントロール変数についても見ておこう。夫のサンプル平均年齢に対する当該夫婦の夫の年齢の比率，妻のサンプル平均年齢に対する当該夫婦の妻の年齢の比率は子供の存在および末子就学状況の違いに関係なくそれぞれ予想される符号条件とは反対の符号を示しており，有意なのは子どもがいないか中学生以上の夫婦の夫だけである。夫婦の実質総所得の対数値についても子供の存在および末子就学状況の違いに関係なく予想される符号条件を満たしておらず，子どもがいないか中学生以上の夫婦の夫と子どもが小学生の夫婦の夫については有意である。夫婦の総家事労働時間は3本の推定式すべて符号条件を満たして有意であり，ニーズ説を支持しているがその推定係数はほぼ0である。

4. 結論

本章では JPSC の 2000～2008 年のパネルデータを用いて Akerlof and Kranton (2000) の仮説を同論文と同様にトービット・モデルによる推定で検証した。その結果，第1に，子どもがいないか末子が中学生以上の夫婦の夫と末子が未就学児童の夫婦の夫についてはジェンダー・ディスプレイ仮説が支持されることが明らかにされた。ただし，後者については独立変数として夫の家庭外労働時間分担比率とその2乗項を用いた場合には同仮説は支持されない。第2に，末子が小学生の夫については独立変数として夫の相対的所得とその2

乗項を用いた場合であれ夫の家庭外労働時間分担比率とその2乗項を用いた場合であれ，経済的取引仮説もジェンダー・ディスプレイ仮説も支持されないことが明らかにされた。

　最後に，本章の実証分析は妻の就業上の地位の違いを考慮してサンプルを分割していない。それらは章末の表 A 5.1 および表 A 5.2 に示されている。妻が常勤職で働いている場合については，子どもがいないか末子が中学生以上の夫婦の夫と末子が未就学児童の夫婦の夫については独立変数として夫の相対的所得とその2乗項を用いた場合には広義のジェンダー・ディスプレイ仮説が支持されているが，表 5.2 の推定結果とは異なり，ともに夫がその相対的所得の低下とともにその家事労働時間分担比率を引き下げる領域は現れない。子どもが小学生の夫婦の夫については符号条件だけから判断すれば経済的取引仮説を支持しているものの夫の相対的所得は 10% 水準でも有意ではない。妻が非常勤職で働く場合も子どもがいないか末子が中学生以上の夫婦の夫と末子が未就学児童の夫婦の夫については独立変数として夫の相対的所得とその2乗項を用いた場合には広義のジェンダー・ディスプレイ仮説が支持されている。独立変数に夫の家庭外労働時間分担比率とその2乗項を用いた場合は表 5.2 と同様に子供の存在および末子就学状況の違いによらずジェンダー・ディスプレイ仮説は支持されておらず，Akerlof and Kranton（2000）の分析結果とは異なっている。また，なぜ子どもの存在や末子の就学状況によってジェンダー・ディスプレイ仮説が支持されたりされなかったりするのかまでは明らかにされていない。これについては今後の課題としたい。

謝辞
　本研究は公益財団法人家計経済研究所から「消費生活に関するパネル調査」の個票データをお借りすることで実現しました。ここに記して感謝いたします。

Appendices

表 A 5.1 推定結果（トービット・モデル，妻＝常勤職）

説明変数	①子どもなし・末子中学生以上				②末子未就学児童				③末子小学生			
	(5.1) 式		(5.2) 式		(5.1) 式		(5.2) 式		(5.1) 式		(5.2) 式	
	推定係数	z値	推定係数	z値	推定係数	z値	推定係数	z値	推定係数	z値	推定係数	z値
定数項	-0.002	-0.007	1.919	3.897***	0.022	0.119	1.287	4.664***	-0.296	-0.886	1.525	2.087*
夫の相対的所得	0.522	1.168			0.526	1.292			-0.784	-1.309		
夫の相対的所得の2乗	-0.927	-2.426*			-0.678	-2.128*			0.230	0.485		
夫の家庭外労働時間分担比率			-5.103	-3.162**			-2.427	-3.117**			-6.305	-2.760**
夫の家庭外労働時間分担比率の2乗			2.888	2.038*			0.715	1.090			3.536	1.828†
夫の年齢／夫の平均年齢	0.211	1.721†	0.110	0.946	0.101	1.039	-0.042	-0.512	0.172	0.874	0.111	0.611
妻の年齢／妻の平均年齢	-0.543	-3.831***	-0.567	-4.207***	-0.082	-0.750	0.085	0.922	-0.268	-1.082	-0.144	-0.641
夫婦総所得(対数値)	0.029	0.980	0.040	1.399	-0.007	-0.312	-0.030	-1.646	0.100	2.608**	0.106	3.135**
夫婦総家事労働時間	0.001	6.115***	0.001	6.639***	0.000	5.912***	0.000	8.470***	0.001	4.860***	0.001	6.490***
総サンプル数	751		751		463		463		389		389	
センサーされなかったサンプル数	342		342		358		358		206		206	
χ^2	102.55***		143.54***		51.51***		180.17***		48.24***		109.03***	
Pseudo R^2	0.142		0.199		0.459		1.604		0.135		0.305	

（注）　表中の***，**，*，†はそれぞれ0.1％、1％、5％、10％で有意であることを示している。
（出所）　筆者作成。

表 A 5.2 推定結果（トービット・モデル，妻＝非常勤職）

説明変数	①子どもなし・末子中学生以上				②末子未就学児童				③末子小学生			
	(5.1) 式		(5.2) 式		(5.1) 式		(5.2) 式		(5.1) 式		(5.2) 式	
	推定係数	z値	推定係数	z値	推定係数	z値	推定係数	z値	推定係数	z値	推定係数	z値
定数項	-0.283	-0.925	2.709	5.909***	-0.080	-0.293	1.789	5.416***	0.091	0.323	1.355	3.578***
夫の相対的所得	0.733	1.350			1.072	2.004*			0.138	0.226		
夫の相対的所得の2乗	-1.061	-2.640**			-1.100	-3.038**			-0.397	-0.972		
夫の家庭外労働時間分担比率			-7.181	-5.454***			-4.126	-4.608***			-3.121	-2.816**
夫の家庭外労働時間分担比率の2乗			4.641	4.508***			2.380	3.454***			1.737	2.044*
夫の年齢／夫の平均年齢	0.286	1.776†	0.080	0.530	0.096	1.237	0.087	1.206	0.164	1.681†	0.131	1.404
妻の年齢／妻の平均年齢	-0.491	-2.696**	-0.275	-1.605	-0.274	-2.987**	-0.281	-3.298***	-0.208	-1.729†	-0.162	-1.403
夫婦総所得(対数値)	0.043	1.202	-0.029	-0.966	0.018	0.668	0.004	0.154	0.003	0.119	-0.026	-1.282
夫婦総家事労働時間	0.000	4.553***	0.001	5.047***	0.000	5.336***	0.000	6.637***	0.000	3.586***	0.000	4.813***
総サンプル数	1,051		1,051		666		666		906		906	
センサーされなかったサンプル数	295		295		428		428		391		391	
χ^2	61.05***		115.38***		83.19***		159.79***		43.97***		99.54***	
Pseudo R^2	0.067		0.127		0.273		0.525		0.079		0.180	

（注）　表中の***，**，*，†はそれぞれ0.1％、1％、5％、10％で有意であることを示している。
（出所）　筆者作成。

第 6 章

日本の共稼ぎ夫婦のジェンダー・アイデンティティ喪失と家事労働分担行動におけるジェンダー・ディスプレイ*

1. 序論

　本章の目的は，2008 年 1 月に実施したアンケート調査における仮想実験から得られた共稼ぎ夫婦をサンプルとして，夫の家庭外労働時間分担比率が極めて低い状況では喪失するアイデンティティの回復とそれを通じた効用最大化を図ることから「男性」および「女性」それぞれに割り当てられた行動規範に合致するよう家事労働時間分担比率を大きくは引き受けようとしない夫やそれを夫に引き受けさせないような妻が存在することを実証的に明らかにすることである。

　個票データを用いた日本の共稼ぎ夫婦の家事労働におけるジェンダー・ディスプレイモデルの実証分析は第 2 章から第 5 章までに示された通りであるが，いずれもそれがアイデンティティ，ここでは特にジェンダー・アイデンティティの喪失を通じて低下した効用を回復する行動によるものであることまでは明らかにされていない。唯一，そのようなアイデンティティの喪失から家事労働におけるジェンダー・ディスプレイ行動をとりうる夫や妻の存在を明らかにしているのは Ando（2011）だけであるが，そのサンプルには未婚者や無職の夫と妻が含まれているだけでなく，夫の家庭外労働時間分担比率がきわめて小さな状況で夫と妻はアイデンティティを喪失し，その程度が大きいほど夫は比較的小さな家事労働時間分担比率しか引き受けないのか，あるいは妻は夫に比

＊　本章は安藤（2015b）を加筆・修正したものである。

較的小さな家事労働時間分担比率しか引き受けさせようとしないのかまでは実証的に明らかにされていないという点で課題は残されている。よって本章では上記アンケート調査におけるデータを再び利用し，サンプルとして本人だけでなくその配偶者も有職者である既婚の 20 歳以上 60 歳未満の男性および女性回答者から構成されるサンプルを作成し，あらためて夫と妻がそれぞれの労働に関するジェンダー行動規範を大きく逸脱している状況でアイデンティティを喪失することから家事労働時間分担においてジェンダー・ディスプレイ行動をとる夫と妻が存在することを，一元配置分散分析だけでなく多重比較の結果からも検証する。

2. 2008 年 1 月実施アンケート調査の結果

2.1 男性

筆者は 2005 年度から 2007 年度まで明治大学社会科学研究所総合研究「行動経済学の理論と実証」に参加し，2008 年 1 月に二度目のアンケート調査を実施した。そこで男性に対して行われた仮想実験の質問は以下の「問 5.」および「問 6.」である[22]。

問 5. 仮想の状況についてお聞きします。次の文章を読んでお答えください。

> あなたは結婚しているとします。夫と妻の家庭外労働時間の合計を 100％，夫と妻の家庭内労働（家事や育児などの労働）時間の合計も 100％とします。今，あなたの家庭外労働分担比率は非常に小さく，非常に多くの比率を妻が分担しているとします。

このとき，あなたは<u>家事労働（家事や育児などの労働）</u>比率を最大で何％まで引き受けますか。

(数字をご記入ください)

---

[22] アンケートの詳細については千田ほか（2010, pp.330-332）を参照せよ。

☐☐ %

問6. 次の考えについてどう思いますか。あなたの考えに近いもの1つに○をしてください。

(いずれか一つに○)

> 「男性はいかなる状況でも家庭内労働(家事や育児などの労働)を分担すべきでない」

　1　非常にそう思う　　2　ややそう思う　　3　どちらともいえない
　4　あまりそう思わない　　5　まったくそう思わない

　「問5.」については0から100までの整数を直接記入してもらった。また，「問6.」において示されている男性の家事労働に対する考え方は男性のジェンダー行動規範に関する記述の1つである。よって，男性としてのジェンダー・アイデンティティを強く持っている程度は，強い順に選択肢番号「1」，「2」，「3」，「4」，「5」と考えられ，したがって男性がその行動規範を逸脱した時に失われると考えられるジェンダー・アイデンティティ喪失の程度はこの順番で大きいと考えられるので，選択肢番号「1」を選んだ回答者のジェンダー・アイデンティティ喪失の程度が最も大きくなるよう5点を与え，選択肢番号「5」を選択した回答者のそれが最も小さくなるよう1点を与えている。

　なお上記アンケート調査にはこれら以外に，① 本人の性別，② 本人の年齢，③ 本人の職業，④ 配偶者の職業，⑤ 1年前の世帯年収に関する質問が含まれている。「年齢」は階級幅を10歳とし，「1　20〜29歳」から「6　70歳以上」までの6個の選択肢が与えられている。「本人の職業」には8個の選択肢「1　自営業・自由業」，「2　正規雇用の会社員・団体職員」，「3　正規雇用の公務員」，「4　正規雇用の教員」，「5　パート，アルバイト，派遣社員など」，「6　学生」，「7　無職の主婦(主夫)」，「8　無職」が，「配偶者の職業」にはこれら8個の選択肢に「9　配偶者はいない」を加えた9個の選択肢が与えられている。「1年前の世帯年収」は階級幅を100万円とし，「1　100万円未満」から

2. 2008年1月実施アンケート調査の結果　101

表6.1　記述統計1（男性，$n=43$）

変　数　・　属　性	最小値	最大値	平均値	標準偏差
年齢（歳）	24.50	54.50	45.90	8.04
世帯年収（万円）	250.00	1950.00	796.51	326.12
ジェンダー・アイデンティティ喪失の程度	1.00	4.00	1.74	0.88
夫が引き受ける家事労働時間分担比率（％）	5.00	100.00	49.07	26.24

（出所）　筆者作成。

表6.2　記述統計2（男性，$n=43$）

属　性	n	構成比
本人の職業		
1　自営業・自由業	7	16.28%
2　正規雇用の会社員・団体職員	29	67.44%
3　正規雇用の公務員	5	11.63%
4　正規雇用の教員	1	2.33%
5　パート，アルバイト，派遣社員など	1	2.33%
配偶者の職業		
1　自営業・自由業	2	4.65%
2　正規雇用の会社員・団体職員	9	20.93%
3　正雇用の公務員	3	6.98%
4　正規雇用の教員	0	0.00%
5　パート，アルバイト，派遣社員など	29	67.44%
学歴		
1　新制中，旧制小・高小卒	2	4.65%
2　新制高，旧制中卒	21	48.84%
3　新制大・短大，旧制高・専・大卒	20	46.51%
居住地区		
1　北海道	1	2.33%
2　東北	2	4.65%
3　関東	11	25.58%
4　京浜	6	13.95%
5　甲信越	1	2.33%
6　北陸	1	2.33%
7　東海	4	9.30%
8　近畿	5	11.63%
9　阪神	4	9.30%
10　中国	1	2.33%
11　四国	2	4.65%
12　九州	5	11.63%
居住地市郡規模		
1　18大都市	13	30.23%
2　その他都市	27	62.79%
3　郡・町村	3	6.98%

（出所）　筆者作成。

「20　1,900万円〜2,000万円未満」までの20個の選択肢に，具体的な金額の記入を求める「21　2,000万円以上」を合わせた合計21個の選択肢が与えられている。このほか，日本全国を12の地域（「1　北海道」，「2　東北」，「3　関東」，「4　京浜」，「5　甲信越」，「6　北陸」，「7　東海」，「8　近畿」，「9　阪神」，「10　中国」，「11　四国」，「12　九州」）に分けた「本人の居住地域」と，「18 大都市」，「その他の市」および「郡・町村」の3つの選択肢から構成される「本人の居住地区の市郡規模」，そして「本人の学歴」に関する情報が得られた。

158名の回答者のうち，質問のいずれか1つに無回答があった回答者7名を除く有効回答者151名から20歳以上60歳未満の本人と配偶者がともに有職者の共稼ぎ夫婦の夫43名をサンプルとして抽出した[23]。

このようにして抽出されたサンプルの記述統計は表6.1と表6.2に示されている。年齢および世帯年収については階級値として中央値が用いられている。年齢の最小値は24.50歳，最大値は54.50歳，平均値は45.90歳である。世帯年収は最小値が250.00万円，最大値が1,950.00万円，平均値が796.51万円となっている。回答者が設定された状況下で喪失すると考えられるジェンダー・アイデンティティの程度は，最小値が1.00，最大値が4.00，平均値は1.74である。また回答者が設定された状況下で最大限引き受ける家事労働時間分担比率の最小値は5.00％，最大値は100.00％，平均値は49.07％である。本人の職業は自営業・自由業が16.28％，正規雇用の会社員・団体職員が67.44％，正規雇用の公務員が11.63％，正規雇用の教員とパート・アルバイト・派遣社員などがともに2.33％である。これに対して配偶者の職業は自営業・自由業が4.65％，正規雇用の会社員・団体職員が20.93％，正規雇用の公務員が6.98％，正規雇用の教員が該当者なし，パート・アルバイト・派遣社員などが67.44％である。学歴の構成比については，新制中学校もしくは旧制小学校・高等小学校卒業が4.65％，新制高校もしくは旧制中学校卒業が48.84％，新制大学・短期大学もしくは旧制高校・専門学校・大学卒業が46.51％である。居住地域の構

---

[23] このアンケート調査では1年前の世帯収入を問う質問はあったが，回答者本人とその配偶者のそれを問う質問はない。よって，正確には「共稼ぎ夫婦」ではなく「共働き夫婦」である。

表 6.3　記述統計 3（夫が引き受ける家事労働時間分担比率，%）

「問 6.」選択肢番号	アイデンティティ喪失の程度	回答者数	最小値	最大値	平均値	標準偏差
1	5	0	NA	NA	NA	NA
2	4	3	20.00	50.00	36.67	15.28
3	3	3	5.00	40.00	21.67	17.56
4	2	17	20.00	100.00	46.76	24.68
5	1	20	10.00	100.00	57.00	27.16

(出所)　筆者作成。

成比は北海道が 2.33%，そのほかは東北 4.65%，京浜を除く関東 25.58%，京浜 13.95%，甲信越と北陸がともに 2.33%，東海 9.30%，阪神を除く近畿 11.63%，阪神 9.30%，中国 2.33%，四国 4.65%，そして九州 11.63%となっている。居住地区の市郡規模の構成比は 18 大都市が 30.23%，その他都市が 62.79%，郡・町村が 6.98%であり，約 93%が都市居住者である。

「問 6.」の選択肢番号別に見た，設定された状況下で最大限引き受ける家事労働時間分担比率に関する記述統計は表 6.3 に示されている。ジェンダー・アイデンティティ喪失の程度が最も大きい 5 点の，つまり「1」を選択した回答者はいなかった。「2」と「3」を選択した，つまり，ジェンダー・アイデンティティ喪失の程度がそれぞれ 4 点および 3 点の回答者数はともに 3 名で，これらは「4」および「5」を選択した回答者数に比較してかなり少ない。「2」を選択した回答者の最小値は 20.00%，最大値は 50.00%，平均値は 36.67%であり，「3」を選択した回答者の最小値は 5.00%，最大値は 40.00%，平均値は 21.67%である。また，「4」を選択した回答者数は 17 名で，その最小値は 20.00%，最大値は 100.00%，平均値は 46.76%である。最後に「5」を選択した，つまり，ジェンダー・アイデンティティ喪失の程度が最も小さい 1 点の回答者数は 20 名で，その最小値は 10.00%，最大値は 100.00%，平均値は 57.00%である。回答者数にかなりの差があるため単純な比較は難しいが，「4」および「5」を選択した回答者の最大値がともに 100.00%であるのに対し，「2」および「3」を選択した回答者のそれはそれぞれ 50.00%，40.00%と引き受ける家事労働時間分担比率に上限値が存在する点は興味深い。平均値を見ると，「2」と「3」を選択した回答者グループ間では想定される平均値の大小関係は逆転している

が，この2グループと「4」および「5」をそれぞれ選択したグループとではジェンダー・アイデンティティ喪失の程度が大きいほど設定された状況下で引き受ける家事労働時間分担比率の平均値は小さくなっている。

次に選択番号別にグループ化し，その分布を見ることとする。それらは図6.1～6.4にヒストグラムとして示されている。もし設定された状況でジェン

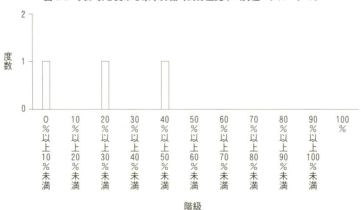

図6.1　夫が引き受ける家事労働時間分担比率（男性：グループ2）

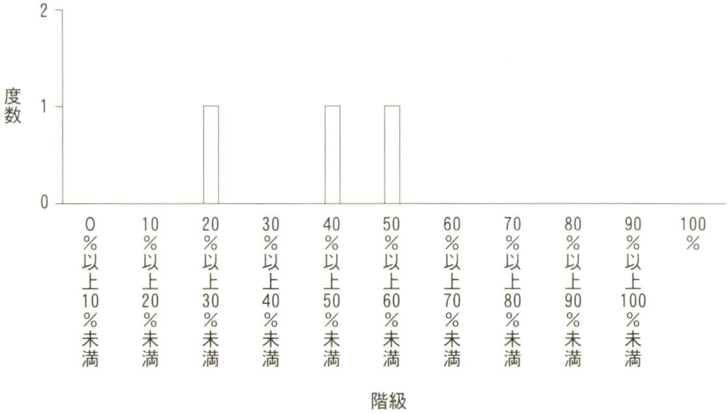

出所：筆者作成。

図6.2　夫が引き受ける家事労働時間分担比率（男性：グループ3）

出所：筆者作成。

ダー・アイデンティティを喪失し，その回復を通じて効用を最大化すべくジェンダー行動規範に同調するような行動をとる夫が各グループに存在し，ジェンダー・アイデンティティ喪失の程度がその家事労働時間分担比率に影響を与えるとすれば，その程度が大きいほど，つまり，グループ番号が小さいほど分布

図 6.3　夫が引き受ける家事労働時間分担比率（男性回答者：グループ 4）

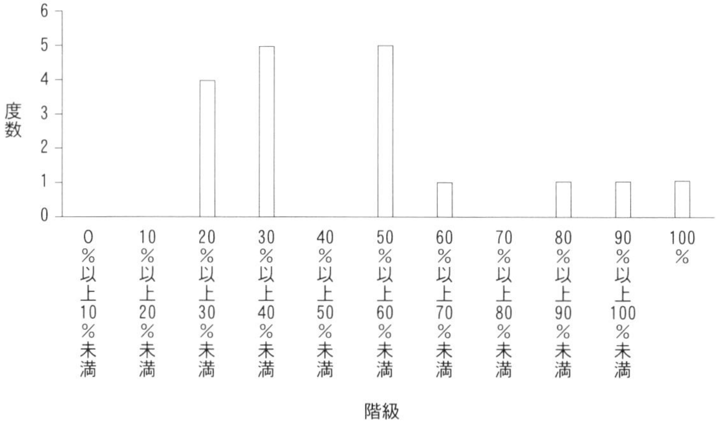

出所：筆者作成。

図 6.4　夫が引き受ける家事労働時間分担比率（男性回答者：グループ 5）

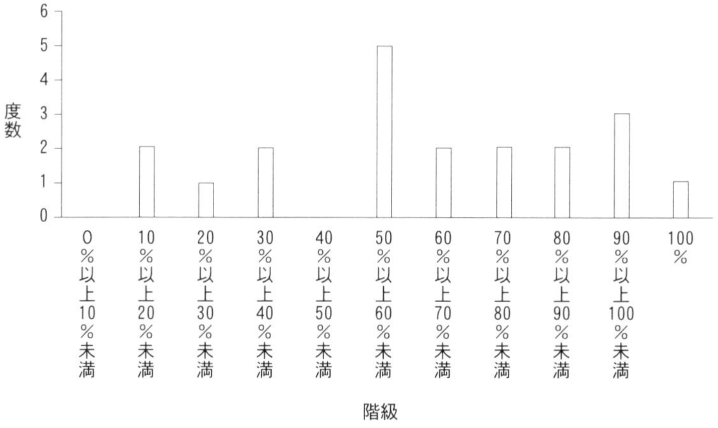

出所：筆者作成。

はより右に歪んだ単峰形になったり，各グループの分布が双峰形になったりするものと考えられる。

4つのヒストグラムにおいて分布は必ずしもジェンダー・アイデンティティ喪失の程度が大きいほど右に歪んだ単峰形になっているわけではない。また，グループ4とグループ5の場合，双峰形になっているように見えないわけではない。

2.2 女性

次に，女性に対して行われた質問は以下の「問7.」および「問8.」である。

問7. 仮想の状況についてお聞きします。次の文章を読んでお答えください。

> あなたは結婚しているとします。夫と妻の家庭外労働時間の合計を100％，夫と妻の家庭内労働（家事や育児などの労働）時間の合計も100％とします。今，夫の家庭外労働分担比率は非常に小さく，非常に多くの比率をあなたが分担しているとします。

このとき，あなたは夫に家事労働（家事や育児などの労働）比率を最低でも何％は引き受けてもらいますか。

(数字をご記入ください)

問8. 次の考えについてどう思いますか。あなたの考えに近いもの1つに○をしてください。

(いずれか一つに○)

> 「夫が少ししか家庭外労働を分担していない状況は哀れなので，妻が家庭内労働（家事や育児などの労働）をたくさん引き受けようと思う」

　1 非常にそう思う　　2 ややそう思う　　3 どちらともいえない
　4 あまりそう思わない　　5 まったくそう思わない

「問 7.」については男性の場合と同様に 0 から 100 までの整数を直接記入してもらった。「問 8.」において，労働に関する男性のジェンダー行動規範を逸脱した夫の行動から妻が喪失するジェンダー・アイデンティティの程度の順番は，大きい順に選択肢番号「1」，「2」，「3」，「4」，「5」と考えられ，「1」を選択した回答者の夫を哀れに思う程度が最も大きくなるよう選択肢番号「1」に 5 点，「5」を選択した回答者のそれが最も小さくなるよう選択肢番号「5」に 1 点を与えている。

表 6.4　記述統計 1（女性，$n=54$）

変　数　・　属　性	最小値	最大値	平均値	標準偏差
年齢（歳）	24.50	54.50	43.02	11.06
世帯年収（万円）	150.00	2050.00	761.11	374.50
ジェンダー・アイデンティティ喪失の程度	1.00	4.00	2.57	1.02
夫に引き受けてもらう家事労働時間分担比率（％）	10.00	100.00	44.44	20.64

（出所）　筆者作成。

男性回答者と同様に，163 名の回答者のうち質問のいずれか 1 つに無回答があった回答者 8 名を除く有効回答者 155 名から，学生，無職の回答者とそのような配偶者を持つ回答者を除く 20 歳以上 60 歳未満の本人とその配偶者ともに有職者の共稼ぎ夫婦の妻 54 名をサンプルとして抽出した[24]。サンプルの記述統計は表 6.5 と表 6.6 に示されている。男性回答者と同様に年齢および世帯年収については階級値として中央値が用いられている。年齢の最小値は 24.50 歳，最大値は 54.50 歳，平均値は 43.02 歳である。世帯年収は最小値が 150.00 万円，最大値が 2,050.00 万円，平均値が 761.11 万円である。回答者が設定された状況下で喪失すると考えられるジェンダー・アイデンティティの程度は，最小値が 1.00，最大値が 4.00，平均値は 2.57 である。また回答者が設定された状況下で夫に最大限引き受けてもらう家事労働時間分担比率の最小値は 10.00％，最大値は 100.00％，平均値は 44.44％である。本人の職業は自営業・自由業が 22.22％，正規雇用の会社員・団体職員が 18.52％，正規雇用の公務員が 3.70％，正規雇用の教員が 1.85％，パート・アルバイト・派遣社員などが 53.70

24　この 54 名の妻も正確には「共働き夫婦」の妻である。

表 6.5 記述統計 2（女性，$n=54$）

属　　性	n	構成比
本人の職業		
1　自営業・自由業	12	22.22%
2　正規雇用の会社員・団体職員	10	18.52%
3　正規雇用の公務員	2	3.70%
4　正規雇用の教員	1	1.85%
5　パート，アルバイト，派遣社員など	29	53.70%
配偶者の職業		
1　自営業・自由業	11	20.37%
2　正規雇用の会社員・団体職員	35	64.81%
3　正雇用の公務員	6	11.11%
4　正規雇用の教員	0	0.00%
5　パート，アルバイト，派遣社員など	2	3.70%
学歴		
1　新制中，旧制小・高小卒	6	11.11%
2　新制高，旧制中卒	29	53.70%
3　新制大・短大，旧制高・専・大卒	19	35.19%
居住地区		
1　北海道	0	0.00%
2　東北	6	11.11%
3　関東	8	14.81%
4　京浜	6	11.11%
5　甲信越	2	3.70%
6　北陸	1	1.85%
7　東海	8	14.81%
8　近畿	5	9.26%
9　阪神	6	11.11%
10　中国	3	5.56%
11　四国	1	1.85%
12　九州	8	14.81%
居住地市郡規模		
1　18 大都市	10	18.52%
2　その他都市	39	72.22%
3　郡・町村	5	9.26%

（出所）　筆者作成。

％である。これに対して配偶者の職業は自営業・自由業が 20.37％，正規雇用の会社員・団体職員が 64.81％，正規雇用の公務員が 11.11％，正規雇用の教員が該当者なし，パート・アルバイト・派遣社員などが 3.70％である。学歴の構成比については，新制中学校もしくは旧制小学校・高等小学校卒業が 11.11％，新制高校もしくは旧制中学校卒業が 53.70％，新制大学・短期大学もしくは旧

制高校・専門学校・大学卒業が 35.19% である。居住地域の構成比は，北海道は該当者がおらず，東北 11.11%，京浜を除く関東 14.81%，京浜 11.11%，甲信越 3.70%，北陸 1.85%，東海 14.81%，阪神を除く近畿 9.26%，阪神 11.11%，中国 5.56%，四国 1.85%，そして九州 14.81% となっている。居住地区の市郡規模の構成比は 18 大都市が 18.52%，その他都市が 72.22%，郡・町村が 9.26% であり，約 91% が都市居住者である。

表 6.6 記述統計 3（夫に引き受けてもらう家事労働時間分担比率，%）

「問 8.」選択肢番号	アイデンティティ喪失の程度	回答者数	最小値	最大値	平均値	標準偏差
1	5	0	NA	NA	NA	NA
2	4	12	10.00	50.00	23.75	12.27
3	3	16	20.00	60.00	40.31	12.45
4	2	17	30.00	80.00	49.41	16.76
5	1	9	50.00	100.00	70.00	17.32

（出所）　筆者作成。

　第 3 の記述統計である表 6.6 で設定された状況下で最大限引き受けてもらう家事労働時間分担比率を「問 8.」の選択肢番号別に見よう。ジェンダー・アイデンティティ喪失の程度が最も大きい 5 点，つまり「問 8.」において「1」を選んだ回答者はいなかった。「2」を選択した回答者数は 12 名で，その最小値は 10.00，最大値は 50.00%，平均値は 23.75% である。「3」を選択した回答者数は 16 名で，最小値は 20.00%，最大値は 60.00%，平均値は 40.31%，「4」を選択した回答者数は 17 名で，その最小値は 30.00%，最大値は 80.00%，平均値は 49.41% である。最後に「5」を選択した，つまり，ジェンダー・アイデンティティ喪失の程度が最も小さい 1 点の回答者数は 9 名で，その最小値は 50.00%，最大値は 100.00%，平均値は 70.00% である。そしてこれらからはジェンダー・アイデンティティ喪失の程度が大きいほど設定された状況下で夫に引き受けてもらう家事労働時間分担比率の平均値は小さくなっていることがわかる。

　次に選択肢番号別にグループ化し，その分布を見よう。それらは図 6.5〜6.8 に示されている。もし設定された状況でジェンダー・アイデンティティを喪失し，その回復を通じて効用を最大化すべくジェンダー行動規範に同調するような行動をとる妻が各グループに存在し，ジェンダー・アイデンティティ喪

110 第6章 日本の共稼ぎ夫婦のジェンダー・アイデンティティ喪失と家事労働分担行動におけるジェンダー・ディスプレイ

図6.5 夫に引き受けてもらう家事労働時間分担比率（女性：グループ2）

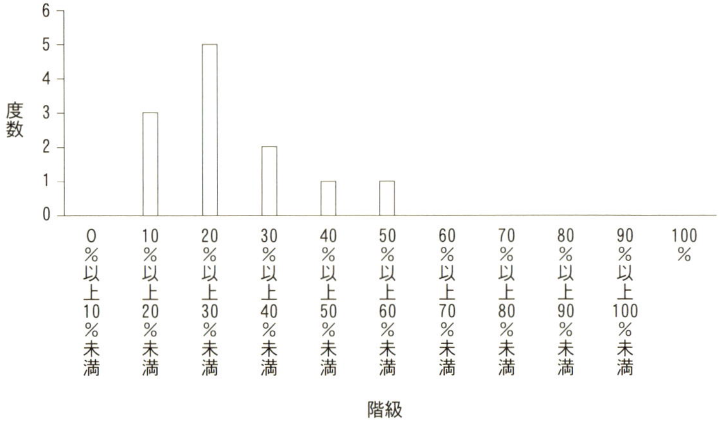

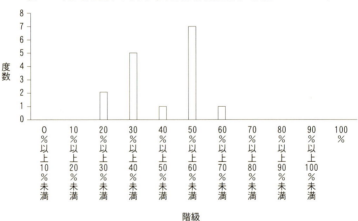

出所：筆者作成。

図6.6 夫に引き受けてもらう家事労働時間分担比率（女性：グループ3）

出所：筆者作成。

失の程度が夫に引き受けてもらう家事労働時間分担比率に影響を与えるとすれば，その程度が大きいほど分布はより右に歪んだ単峰形になったり，各グループの分布が双峰形になったりするものと考えられる。

図6.5にはジェンダー・アイデンティティ喪失の程度がやや大きいと考えられるグループ2のヒストグラムが示され，右に歪んだ単峰形をしており，全体

図 6.7　夫に引き受けてもらう家事労働時間分担比率（女性：グループ 4）

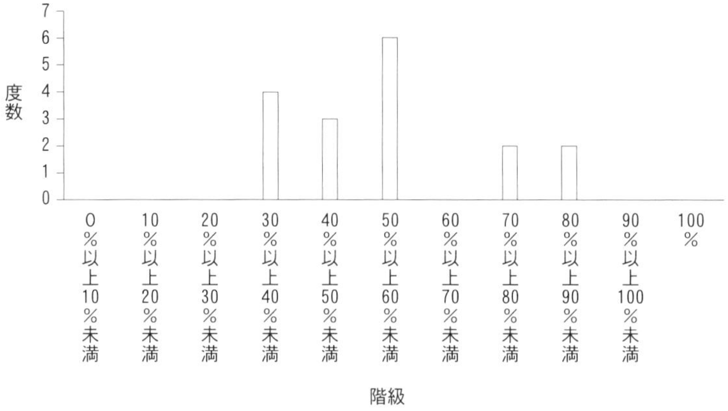

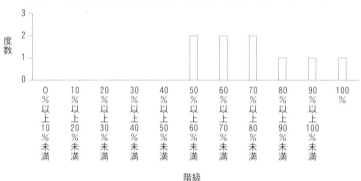

出所：筆者作成。

図 6.8　夫に引き受けてもらう家事労働時間分担比率（女性：グループ 5）

出所：筆者作成。

的に設定された状況下では夫に大きな家事労働時間分担比率を引き受けてもらおうとしないことを示している。図6.6にはジェンダー・アイデンティティ喪失の程度が大きいとも小さいともいえないグループ3のヒストグラムが示されているが，全体的にグループ2よりもやや高い階級に分布し，その形状は双峰形になって設定された状況下では夫に比較的大きな家事労働時間分担比率を引き受けてもらう妻と比較的小さなそれを引き受けてもらおうとする妻の2つのグループに分かれている。図6.7にはジェンダー・アイデンティティ喪失の程

112　第6章　日本の共稼ぎ夫婦のジェンダー・アイデンティティ喪失と家事労働分担行動におけるジェンダー・ディスプレイ

度がやや小さいと考えられるグループ4のヒストグラムが示されており，グループ3の分布と同様に設定された状況下では夫に比較的大きな家事労働時間分担比率を引き受けてもらう妻と比較的小さなそれしか引き受けてもらおうとしない妻の2つのグループに分かれているが，全体的にグループ3よりもさらに高い階級に分布している。最後に図6.8にはジェンダー・アイデンティティ喪失の程度がもっとも小さいと考えられるグループ5のヒストグラムが示されており，その形状は左に歪んだ単峰形で，全体的にグループ4よりもさらに高い階級に分布が見られる。

3. 実証分析の結果

3.1 夫

　本項では男性のサンプルに含まれる共稼ぎ夫婦の夫43名について，回答者の5段階のジェンダー・アイデンティティ喪失の程度により，設定された仮想の状況下で最大限引き受ける家事労働時間分担比率に有意差があるのかを一元配置分散分析により検証したのち，ジェンダー・アイデンティティ喪失の程度が大きいほどその分担比率が小さいと言えるのかを多重比較により検証する。もし夫のジェンダー・アイデンティティ喪失の程度がその家事労働時間分担比率と関連づけられないのであればジェンダー・アイデンティティ喪失の程度に関係なくその家事労働時間分担比率の平均値は有意には異ならないと考えられる。反対に夫のジェンダー・アイデンティティ喪失の程度がその家事労働時間分担比率に影響を与えるとすれば，一元配置分散分析の結果が各グループの引き受ける家事労働時間分担比率の平均値が有意に異なることを示すだけでな

表6.7　一元配置分散分析の結果（夫）

要因	平方和	自由度	分散	F 値	p 値
グループ間	4062.399	3	1354.133	2.13	0.113
グループ内	24850.392	39	637.190		
全体	28912.791	42	688.400		

（出所）　筆者作成。

く，多重比較の結果がジェンダー・アイデンティティ喪失の程度が大きいほど引き受ける家事労働時間分担比率の平均値は小さくなることを示すものと想定される。

「問6.」において「2」，「3」，「4」，「5」を選択した回答者それぞれが「問5.」において回答した引き受ける家事労働時間分担比率の平均値をそれぞれグループ2からグループ5まで順に $hwks_{m,2}$, $hwks_{m,3}$, $hwks_{m,4}$, $hwks_{m,5}$ とする。ここで検証する帰無仮説 H_1 は

$H_1 : hwks_{m,2} = hwks_{m,3} = hwks_{m,4} = hwks_{m,5}$

である。

一元配置分散分析による平均値の比較の結果は表6.7に示されている。同表より帰無仮説 H_1 は有意水準10%でさえ棄却できない。このことは夫の場合，ジェンダー・アイデンティティ喪失の程度によらず，4つのグループの平均値に有意差がないことを表している。

表6.8　多重比較の結果（夫：シェッフェ法）

グループ	2	3	4
3	-15.000 0.912		
4	10.098 0.938	25.098 0.480	
5	20.333 0.642	35.333 0.182	10.235 0.682

（注）　表中の上段は行グループの平均値から列グループの平均値を差し引くことで算出されている。また，下段は各グループ間の平均値に関する有意差検定の有意確率を表している。
（出所）　筆者作成。

シェッフェ法による多重比較の結果は表6.8に示されている。同表に示されている通り，多重比較の結果もすべてのグループの平均値には10%水準でさえ有意差がない。

3.2　妻

本項では女性のサンプルに含まれる共稼ぎ夫婦の妻54名について，回答者の5段階のジェンダー・アイデンティティ喪失の程度により，設定された仮想

の状況下で夫に最小限引き受けてもらう家事労働時間分担比率に有意差があるのかを，前項と同様に一元配置分散分析により検証したのち，ジェンダー・アイデンティティ喪失の程度が大きいほどその分担比率が小さいと言えるのかを多重比較により検証する。「問8.」において「2」，「3」，「4」，「5」を選択した回答者それぞれが「問7.」において回答した夫に引き受けてもらう家事労働時間分担比率の平均値をそれぞれ $hwks_{f,2}$，$hwks_{f,3}$，$hwks_{f,4}$，$hwks_{f,5}$ とする。ここで改めて確認しておけば，この中でジェンダー・アイデンティティ喪失の程度は「2」を選択した回答者が最も大きく，「5」を選択した回答者が最も小さい。一元配置分散分析により検証する帰無仮説 H_2 は

$$H_2 : hwks_{f,2} = hwks_{f,3} = hwks_{f,4} = hwks_{f,5}$$

である。

表 6.9　一元配置分散分析の結果（妻）

要因	平方和	自由度	分散	F 値	p 値
グループ間	11709.528	3	3903.176	17.95	0.000
グループ内	10873.805	50	217.476		
全体	22583.333	53	426.101		

（出所）　筆者作成。

一元配置分散分析による平均値の比較の結果は表 6.9 に示されている。同表より帰無仮説 H_2 は有意水準 0.1% で棄却できる。

表 6.10　多重比較の結果（シェッフェ法：妻）

グループ	2	3	4
3	16.563 0.045*		
4	25.662 0.000***	9.099 0.380	
5	46.250 0.000***	29.688 0.000***	20.588 0.015*

（注）　表中の上段は行グループの平均値から列グループの平均値を差し引くことで算出されている。また，下段は各グループ間の平均値に関する有意差検定の有意確率を表している。
（出所）　筆者作成。

シェッフェ法による多重比較の結果は表 6.10 に示されている。$hwks_{f,2}$ は

$hwks_{f,3}$ と 5%水準で，また $hwks_{f,4}$ および $hwks_{f,5}$ とはそれぞれ 0.1%水準で有意差があり，$hwks_{f,2}$ はこれらの 3 つの平均値すべてよりも小さく，その各グループとの差は $hwks_{f,5}$, $hwks_{f,4}$, $hwks_{f,3}$ の順で大きい。$hwks_{f,3}$ は $hwks_{f,4}$ と 10%水準でも有意には異ならないが，$hwks_{f,5}$ とは 0.1%水準で有意差があり，$hwks_{f,3}$ は $hwks_{f,5}$ よりも小さい。$hwks_{f,4}$ は $hwks_{f,5}$ と 5%水準で有意差があり，前者は後者よりも小さい。以上をまとめると，これら 4 つの平均値の大小関係は

$$hwks_{f,2} < hwks_{f,3}, \ hwks_{f,4} < hwks_{f,5}$$

となる。

4. 結論

　本章の目的はアイデンティティ経済学のフレームワークから共稼ぎ夫婦の家事労働時間分担行動において，ジェンダー行動規範を逸脱して夫がきわめて小さな家庭外労働時間分担比率しか負担していないときにジェンダー・ディスプレイ行動をとる夫や妻が存在するのかどうかと，もしそうであるならばそれが喪失されたジェンダー・アイデンティティの回復を通じて効用を最大化すべくそれぞれに割り当てられたジェンダー行動規範に同調するような行動をとることに起因するのかを実証的に検証することであった。本章における仮想実験と実証分析の結果から，第 1 に，設定された状況でジェンダー・アイデンティティを比較的大きく喪失し，ジェンダー・ディスプレイ行動をとる夫が一部存在することが明らかにされた。第 2 に，設定されたような状況で女性としてのジェンダー・アイデンティティを比較的大きく喪失し，ジェンダー・ディスプレイ行動をとる妻が存在することが明らかにされた。ジェンダー・アイデンティティ喪失の程度が 2 番目に小さい妻のグループ 4 の平均値 $hwks_{f,2}$ でさえほぼ 50%であり，アンケート調査の「問 8.」で選択肢「2」，「3」，「4」を選択した共稼ぎ夫婦の妻はサンプル全体の 80%を超えることから，程度の差こそあれ，日本の共稼ぎ夫婦の妻の 80%程度が設定されたような状況になれば家事労働時間分担においてジェンダー・ディスプレイ行動をとり，これが夫の

ジェンダー・ディスプレイ行動をもたらす要因となっていると考えられる。したがって、政府は、共稼ぎ夫婦の夫よりはむしろそのような妻に割り当てられた労働に関するジェンダー行動規範を変えるべきであるというのがアイデンティティ経済学からの政策的インプリケーションとなる。

謝辞
　本研究は2005年度から3年間実施された明治大学社会科学研究所総合研究「行動経済学の理論と実証」の研究費により実現しました。ここに記して感謝します。

第7章
共稼ぎ夫婦の家事労働分担行動に関する
ジェンダー・ディスプレイ：
家事生産アプローチからの実証分析*

1. 序論

　本章の目的はアイデンティティ経済学をフレームワークとして家事生産アプローチから日本の共稼ぎ夫婦の家事労働時間分担行動におけるジェンダー・ディスプレイを理論的かつ実証的に明らかにすることである。

　Becker (1965) による既婚女性の時間配分と消費に関する合理的選択理論を発展させたのが Gronau (1976, 1977) であり，彼は，妻が市場で購入した消費財・サービスと時間とを組み合わせて家事という消費財・サービスを生産し，家計で消費するという考え方を提示した。そこでは，妻は家事生産関数を持ち，家計は市場で購入する消費財・サービスと，妻が家事労働によって生産した消費財・サービスという2種類の消費財・サービスを消費する。家事生産関数を考慮に入れた時間配分の合理的選択理論では，既婚女性は家事労働の限界生産物価値が労働市場における実質賃金率と等しくなる点で家事労働時間を決定し，予算制約の下で自らの効用を最大化することで残りの時間を余暇と労働時間に配分し，それと同時にその消費水準を決定するものと説明される。この時間配分と消費に関する合理的選択理論に「対等でない結婚」という概念を加えたのが Cherry (1998) である。彼は，夫による男性主権的な結婚により，妻は合理的でない時間配分と消費の選択をした場合，合理的な選択を行った場合に比べて労働時間を減少させて過剰家事サービスを行い，消費水準の減

---

　* 本章は安藤 (2013a) を加筆・修正したものである。

少と効用水準の低下を余儀なくされることを明らかにした。Leeds and von Allmen (2004) は，家事生産アプローチに夫の家事労働参加を明示的に組み込み，それが妻の家事労働時間にどのような影響を及ぼすかを理論的かつ実証的に明らかにしたが，安藤 (2009) はこれら 2 つの理論を結びつけ，たとえ夫が家事労働参加により妻の家事労働時間を軽減したとしても，男性主権的な結婚の場合は妻に過剰家計サービスが発生する分その軽減時間は減少し，対等な結婚の場合に比べて妻の家事労働時間は増加し，その消費水準と効用水準はともに低下することを明らかにした。

本章では Cherry (1998) および安藤 (2009) を応用し，そこに夫と妻によるジェンダー・ディスプレイを明示的に組み込み，明治大学社会科学研究所総合研究「行動経済学の理論と実証」研究グループが 2005 年 11 月 25 日から同年 12 月 13 日にかけて実施した「消費行動などに関する意識調査」で行ったアンケート結果を用いてそれを実証する。

2. モデル

本章におけるモデルは基本的には安藤 (2009) に依っている。まず，夫は家事労働には従事せず，いわゆる労働市場における労働，つまり有償の家庭外労働にのみ従事し，妻は家事生産だけでなく，家庭外労働にも従事すると仮定する。夫は労働所得 Y_h を得て，その一部または全部を妻への夫婦間所得移転とする。これに対して妻は，夫から受け取ったその労働所得 Y_h の一部または全部を受け取り，それを用いて市場で財・サービスを X_{1h} だけ購入する。妻自身も家庭外労働に従事する場合にはそこで得た自らの労働所得 Y_w を用いて市場で消費財・サービスを X_{1w} だけ購入する。

ここで妻の効用 U_w が以下のようにこの家計で購入される消費財・サービス X と彼女の余暇 L_w に依存して決定されると仮定する。

$$U_w = U_w(X, L_w) \quad (7.1)$$

消費財・サービス X は，夫から受け取る妻の非労働所得 Y_h の一部またはその全部と妻自身の労働所得 Y_w を用いて市場で購入される消費財・サービス X_1

と，妻が家事労働で生産する消費財・サービス X_{2w} の合計として表される。

$$X = X_{1h} + X_{1w} + X_{2w} = X_1 + X_{2w} \quad (7.2)$$

家事サービスの付加価値は総家事労働時間と，家計にとっての資本ストックに相当する家電製品などの耐久消費財を投入して生産され，それは短期的に一定と考える。よって，妻は下の (7.3) 式のように家事労働時間のみに依存する1階の導関数が正，2階の導関数が負の家事生産関数を持っているものとする。

$$X_{2w} = F(H_w),\ F'(H_w) > 0,\ F''(H_w) < 0 \quad (7.3)$$

ここで X_{2w} は妻の家事生産高，H_w は妻の家事労働時間である。この妻はその効用 U_w を，以下のような時間と予算に関するそれぞれの制約

$$L_w + N_w + H_w = T \quad (7.4)$$
$$X_{1h} = Y_h \quad (7.5)$$
$$X_{2w} = w_u N_w = Y_w \quad (7.6)$$

のもとで最大化しようとするものと仮定する。ここで，T は妻が利用可能な最大の時間，N_w と w_w はそれぞれ妻の労働市場での家庭外労働時間と妻がその労働市場で直面する賃金率であり，したがって $w_w N_w$ は妻の労働所得を表す。

以上を図示したものが図7.1である。縦軸には家事生産高と消費が，横軸には時間がとられている。この妻は，その家事生産の限界生産物価値が実質賃金率に等しくなる点 A で家事労働への時間配分を決定する。また，この妻は彼女の効用 U_w が最大化されるように残りの時間 OT_0 を余暇と市場労働に配分する。その結果，この妻の家事労働への時間配分は TT_0，家庭外労働への時間配分は T_0T_1，そして余暇への時間配分は OT_1 となる。

ここで Leeds and von Allmen (2004) に従い，このモデルに夫の家事生産を導入してそれが妻の時間配分とその効用にどのような影響を及ぼすかを図7.2で確認しよう。この妻の夫が家事生産関数を持ち，T_0T_0' だけ家事労働に時間を配分し，その時間を投入して OF_1 だけ家事生産高を産出したとする。また，この夫の家事労働時間とちょうど同じだけ妻の家事労働時間が削減されたとしよう。このとき，妻の家事労働時間は TT_0' まで削減され，それに合わせて妻は上昇した実質賃金率 w_w' を留保賃金とするため予算制約線は AW から $A'W'$ へと，そして彼女の効用が最大化される点は Z から Z' へと移ってそ

図7.1 妻の最適な時間配分と効用

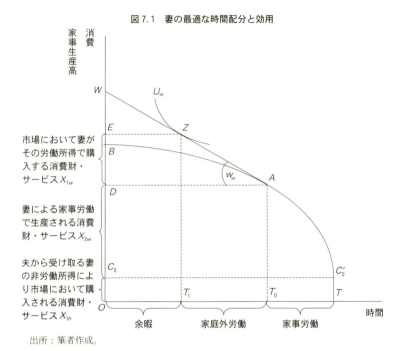

出所：筆者作成。

の効用は U_w から U'_w へ上昇し、彼女が家庭外労働と余暇に配分する時間はそれぞれ T_0T_1 から $T'_0T'_1$、OT_1 から OT'_1 まで増加する。

最後にCherry（1998）および安藤（2009）を応用し、ジェンダー・ディスプレイが妻の時間配分とその効用にどのような影響を与えるかについて図7.3で考察しておこう[25]。夫婦の間でジェンダー・ディスプレイが発生し、その結果この夫がジェンダー・ディスプレイが発生しない場合に比べて家事労働時間を $T'_0T''_0$ だけ増やさず、その分だけ妻の家事労働時間が減らなかったとしよう。この場合、夫の家事生産高は OF_2 まで減少し、妻の家事労働の限界生

---

[25] Cherry（1998）は、「対等な結婚（equitable marriage）」が行われず、夫婦間において稼ぎ頭（breadwinner）たる夫の交渉力が妻のそれを上回る場合には、その妻が市場で直面する実質賃金率は不変のままその予算制約線 $A'W'$ を左にシフトさせて自らの家事労働時間を減らすことに成功し、反対に妻はこの非合理的な時間と消費の選択を強いられて家事労働時間を合理的に選択できる場合に比べてより少ない時間しか減らすことができず、効用も低下すると主張する。

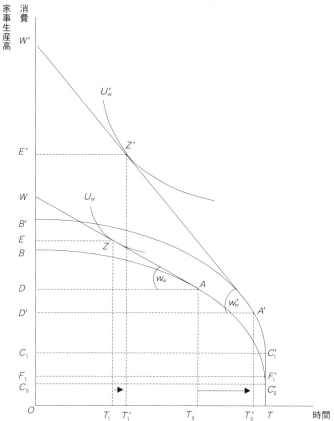

図7.2 夫による家事労働参加の影響

出所：筆者作成。

物価値は w''_w にまで低下し，それを留保賃金とせざるをえなくなる。そしてこの妻は予算制約線 $A''W''$ 上の点 Z'' で効用を最大化せざるをえなくなるために効用水準は U'_w から U''_w まで低下し，余暇への時間配分もジェンダー・ディスプレイが発生しなかった場合に比べて $T'_1T''_1$ だけ増えないことになる[26]。

---

26 もし余暇の減少時間を上回って家事労働時間が減らされる場合にはその分だけ妻の市場労働へ配分される時間は減ることになるが，これは妻の家事生産関数の形状による。

122　第7章　共稼ぎ夫婦の家事労働分担行動に関するジェンダー・ディスプレイ：家事生産アプローチからの実証分析

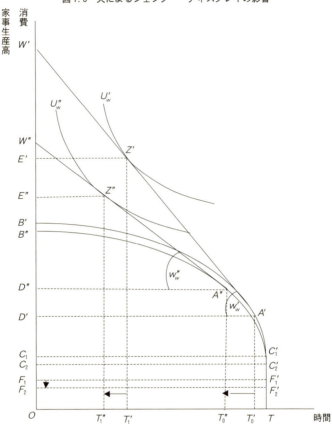

図7.3　夫によるジェンダー・ディスプレイの影響

出所：筆者作成。

3. 実証分析

3.1　仮説

　本項では明治大学社会科学研究所総合研究「行動経済学の理論と実証」研究グループが 2005 年 11 月 25 日から同年 12 月 13 日にかけて実施した「消費行動などに関する意識調査（B）」で行ったアンケートの結果を用いて実証分析

を行う。同アンケートでは，自らの実際の家事労働時間分担比率だけでなく，回答者の理想のそれを質問項目に加えている点に特徴がある[27]。ここで，夫と妻が考える理想の家事労働時間分担比率をそれぞれ $HWS_{i,h}$ および $HWS_{i,w}$ で，また，夫と妻の現実の家事労働時間分担比率をそれぞれ $HWS_{a,h}$ および $HWS_{a,w}$ で表す。ここでは，夫婦が家事労働分担行動においてジェンダー・ディスプレイを示している場合には，$HWS_{i,h}$ と $HWS_{a,h}$ が有意に異なって前者を後者が下回り，かつ，$HWS_{i,w}$ と $HWS_{a,w}$ が有意に異なって前者を後者が上回り，そうでない場合には夫と妻ともに理想と現実の家事労働時間分担比率が有意には異ならないと考える。これら仮説を検証するに際しては対応のある平均値の差の検定が行われる。

3.2 サンプル

サンプルは回答者総数 212 名から無職と学生の回答者，無回答および該当なしと答えた回答者を除いた，世帯所得が正かつ回答者本人の家庭外労働時間分担比率が 100% より小さな正である 20 歳以上 69 歳以下の共稼ぎ夫婦の夫 45 名および妻 42 名である[28]。

3.3 記述統計

表 7.1 には記述統計が示されている。まず夫の現実の家事労働時間分担比率については最小値が 0.00%，最大値が 90.00%，平均値が 21.31% である。これに対してその理想の家事労働時間分担比率は最小値が 0.00%，最大値が 60.00%，平均値が 27.14% であり，平均値では現実が理想を 5.83% 下回っている。妻の現実の家事労働時間分担比率は最小値が 15.00%，最大値が 100.00%，平均値が 72.98% である。一方，その理想の家事労働時間分担比率は最小値が 15.00%，最大値が 95.00%，平均値が 57.38% であり，平均値で見ると現実が理想を 15.60% も上回っていることがわかる。

---

[27] 同アンケートの調査項目の詳細については千田ほか (2010, pp.307-310) を参照せよ。
[28] 第2~4章と第6章で共稼ぎ夫婦の夫や妻のサンプルを抽出する際に 20 歳以上 59 歳以下をその条件の1つに加えていたがその条件でサンプルを抽出すると女性回答者 (妻) のサンプル・サイズがさらに小さくなってしまうため本章では 60 歳代の回答者を加えている。

表7.1 記述統計

変数	夫 ($n=45$)				妻 ($n=42$)			
	最小値	最大値	平均値	標準偏差	最小値	最大値	平均値	標準偏差
A．実証分析に用いた変数								
現実の家事労働時間分担比率（%）	0.00	90.00	21.31	21.25	15.00	100.00	72.98	26.71
理想の家事労働時間分担比率（%）	0.00	60.00	27.14	15.31	15.00	95.00	57.38	19.92
B．その他								
現実の家庭外労働時間分担比率（%）	25.00	93.00	63.38	19.04	3.00	90.00	37.90	24.03
理想の家庭外労働時間分担比率（%）	20.00	100.00	62.62	20.21	0.00	80.00	37.57	17.21
年　　齢	24.50	64.55	48.50	10.53	24.50	64.50	49.26	10.87
就業上の地位：正規雇用	0.00	1.00	0.74	0.45	0.00	1.00	0.17	0.38
世帯所得	250.00	3000.00	860.71	548.34	50.00	1550.00	671.43	346.08
子どもの数	1.00	4.00	2.07	0.81	1.00	3.00	2.12	0.67
末子年齢	1.00	38.00	15.52	10.29	3.00	41.00	18.79	10.59
学　　歴	1.00	3.00	2.36	0.58	1.00	3.00	2.17	0.62
居住地の規模	1.00	3.00	1.81	0.51	1.00	3.00	2.17	0.58

（出所）　筆者作成。

　同表には実際の実証分析には用いられてはいないが，サンプルのその他いくつかの経済・社会に関する特徴も示されているので，参考までにそれらについて要約しておこう。年齢および世帯収入については階級値として中央値が用いられている。夫の現実の家庭外労働時間分担比率は，最小値が25.00%，最大値が93.00%，平均値が63.38%であり，その理想の家庭外労働時間分担比率は最小値が20.00%，最大値が100.00%，平均値が62.62%と，平均値で見た場合には現実が理想を0.76%上回っている。これに対し，妻については，現実の家庭外時間労働分担比率は最小値が3.00%，最大値が90.00%，平均値が37.90%，理想のその分担比率の最小値，最大値，平均値はそれぞれ0.00%，80.00%，37.57%である。このことから妻については，平均値では現実が理想を0.33%上回っていることがわかる。いずれにせよ，現実であれ理想であれ，家庭外労働時間分担比率は夫に，家事労働時間分担比率は妻にかなり偏っていることが理解できる。

　年齢は階級幅を10歳とする「1　20～29歳」から「5　60～69歳」までの5個の選択肢と6番目の選択肢「6　70歳以上」の合計6個が設けられており，夫，妻ともに最小値が24.50歳，最大値が64.50歳，平均値がそれぞれ48.50歳と49.26歳である。就業上の地位は，夫の74%，妻の17%が正規雇用であ

る。子どもの数は夫の最小値，最大値，平均値がそれぞれ 1.00 人，4.00 人，2.07 人であるのに対し，妻のそれらはそれぞれ 1.00 人，3.00 人，2.12 人である。末子年齢については，夫は最年少が 1.00 歳，最年長が 38.00 歳，平均値が 15.52 歳で，妻は最年少が 3.00 歳，最年長が 41.00 歳，平均値が 18.79 歳である。世帯所得は階級幅を 100 万円とする「1　100 万円未満」から「20　1,900 万円〜2,000 万円未満」までの 20 個の選択肢と具体的な金額を整数で記入してもらう「21　2,000 万円以上」の合計 21 個が用意されており，夫については最小値が 250.00 万円，最大値が 3,000.00 万円，平均値が 860.71 万円である。これに対し，妻は最小値が 50.00 万円，最大値が 1,550.00 万円，平均値が 671.43 万円である。学歴は「中学卒業」，「高校卒業」，「短大・大学卒業」の 3 種類に分類され，それぞれに 1，2，3 を与えた結果，夫，妻ともに最小値が 1.00，最大値が 3.00 であり，平均値は前者が 2.36，後者が 2.17 である。最後に居住地は規模別に「15 大市」，「その他の市」，「郡部」に分けられ，それぞれに対して 1，2，3 を与えた結果，夫，妻ともに最小値と最大値はそれぞれ 1.00 と 3.00 であり，平均値は夫が 1.81，妻が 2.17 である。

3.4　実証分析の結果
3.4.1　夫

表 7.2　平均値の差の検定結果（夫の家事労働時間分担比率，$n=45$）

	対応サンプルの差					t 値	自由度	有意確率（両側検定）
	平均値	標準偏差	平均値の標準誤差	差の 95％信頼区間				
				下限	上限			
現実−理想	-0.06111	0.02740	0.18383	-0.11634	-0.00588	-2.230	44	0.031

（出所）筆者作成。

まず，夫の家事労働時間分担比率について以下の帰無仮説

$$H_1 : HWS_{i,h} = HWS_{a,h}$$

と対立仮説

$$H_1' : HWS_{i,h} \neq HWS_{a,h}$$

を対応のある平均値の差の検定で検証する。その結果は表 7.2 に示されており，5％水準で帰無仮説 H_1 は棄却され，対立仮説 H_1' が採択される。

3.4.2 妻

表7.3 平均値の差の検定結果（妻の家事労働時間分担比率，$n=42$）

	対応サンプルの差					t 値	自由度	有意確率 (両側検定)
	平均値	標準偏差	平均値の 標準誤差	差の95%信頼区間				
				下限	上限			
現実－理想	0.15595	0.02181	0.14137	0.11190	0.20001	7.149	41	0.000

（出所）筆者作成。

次に，妻の家事労働時間分担比率について以下の帰無仮説

$$H_2 : HWS_{i,w} = HWS_{a,w}$$

と対立仮説

$$H_2' : HWS_{i,w} \neq HWS_{a,w}$$

を対応のある平均値の差の検定で検証する。表7.3にはその結果が示されており，0.1%水準で帰無仮説 H_2 は棄却され，対立仮説 H_2' が採択される。

4. 結論

本章では，まず家事生産アプローチによる妻の時間配分と消費に関する合理的選択理論に，夫の家事労働参加とジェンダー・ディスプレイを明示的に組み込んだモデルが提示され，ジェンダー・ディスプレイ行動が発生しない場合に比べ，共稼ぎ夫婦間でどのようにして妻の過剰な家事労働時間が生み出されるかが明らかにされた。そして2005年11月および同年12月に実施されたアンケート調査の結果を用い，実際に日本の共稼ぎ夫婦間でジェンダー・ディスプレイが発生しているのかを対応のある平均値の差の検定を用いて確認した。その実証分析の結果から，夫婦ともに現実と理想の家事労働時間分担比率には有意差があり，夫の現実の分担比率が理想のそれよりも小さいのに対し，妻の現実の分担比率は理想のそれを大きく上回っていることが明らかにされた。このことは，第1に，共稼ぎ夫婦の家事労働分担行動においてジェンダー・ディスプレイが発生していること，第2に，妻はジェンダー・ディスプレイが発生しなかった場合に比べてその効用が低下していること，そして，最後に，日本社

会には共稼ぎ夫婦に対して「夫（妻）は働くべきである（働くべきではない）」というジェンダー行動規範が存在することを意味する。

　本章で用いたモデルから，ジェンダー・ディスプレイが発生するとそうでない場合に比べて妻の家事労働の削減時間と家庭外労働の増加時間がともに減少し，その効用も低下することが示されている。よって政府は，上で示したようなジェンダー行動規範を撤廃するべきであるというのがアイデンティティ経済学からの政策的インプリケーションとなる。

謝辞
　本研究は2005年度から3年間実施された明治大学社会科学研究所総合研究「行動経済学の理論と実証」の研究費により実現しました。ここに記して感謝します。

参考文献

Ai, C. and Edward, C. N. (2003), "Interaction Terms in Logit and Probit Models," *Economics Letters*, Vol. 80, No. 1, pp. 123-129.
Akerlof, G. A. (1980), "A Theory of Social Custom, of Which Unemployment May Be One Consequences," *Quearterly Journal of Economics*, Vol. 94, No. 4, pp. 749-775.
Akerlof, G. A. and Kranton R. E. (2000), "Economics and Identity," *Quarterly Journal of Economics*, Vol. 115, No. 3, pp. 715-753.
Akerlof, G. A. and Kranton R. E. (2002), "Identity and Schooling: Some Lessons for the Economics of Education," *Journal of Economic Literature*, Vol. 40, No. 4, pp. 1167-1201.
Akerlof, G. A. and Kranton R. E. (2005), "Identity and the Economics of Organization," *Journal of Economic Perspective*, Vol. 19, No. 1, pp. 9-32.
Akerlof, G. A. and Kranton R. E. (2008), "Identity, Supervision, and Work Group," *American Economic Review*, Vol. 98, No. 2, pp. 212-17.
Akerlof, G. A. and Kranton R. E. (2010), *Identity Economics: How Our Identities Shape Work, Wages, and Well-Being*, Princeton: Princeton University Press.
Ando, J. (2011), "Identity and Couples' Housework Sharing: A Virtual Experiment on Husbands' Gender Display", *Japanese Economy*, Vol. 38, No. 3, pp. 3-29.
Ando, J. (2012a), "Changes in Dual-Earner Couples' Housework Behavior: From the Empirical Analyses of Cohort A in the JPSC," *Japanese Economy*, Vol. 39, No. 4, pp. 3-41.
Ando, J. (2012b), "Empirical Analysis of Dual-Earner Couples' Housework Behavior Using JGSS-2006," *Japanese Economy*, Vol. 39, No. 4, pp. 42-59.
安藤潤 (2009),「既婚女性の家事労働時間削減と政府の役割:消費と時間配分に関する合理的選択理論から」『新潟国際情報大学情報文化学部紀要』第12号, pp. 61-73。
安藤潤 (2010),「アイデンティティと夫婦間の家庭内労働分担行動」千田亮吉・塚原康博・山本昌弘編『行動経済学の理論と実証』勁草書房, pp. 72-100。
安藤潤 (2013a),「共稼ぎ夫婦の家事労働分担行動に関するジェンダー・ディスプレイ——家事生産アプローチからの実証分析」『新潟国際情報大学情報文化学部紀要』第16号, pp. 21-32。
安藤潤 (2013b),「共稼ぎ夫婦の外食・中食利用と家事労働削減——JGSS-2006を用いた実証分析を中心に」『新潟国際情報大学情報文化学部紀要』第16号, pp. 33-51。
安藤潤 (2014)「JPSC2000-2008パネルデータを用いた常勤職で働き稼ぐ妻の家事労働行動に関する実証分析」『新潟国際情報大学情報文化学部紀要』第17号, pp. 65-80。
安藤潤 (2015a),「アイデンティティ経済学と共稼ぎ夫婦の妻の家事労働行動:JPSC2000-2008パネルデータを用いた実証分析」『日本経済政策学会第72回全国大会報告論文集』pp. 1-23。
安藤潤 (2015b),「日本の共稼ぎ夫婦のジェンダー・アイデンティティ喪失と家事労働分担行動におけるジェンダー・ディスプレイに関する実証分析」『新潟国際情報大学国際学部紀要』創刊準備号, pp. 178-188。
Becker, S. G. (1965), "A Theory of the Allocation of Time," *Economic Journal*, Vol. 75, No. 299, pp. 493-517.
Bernheim, B. D. (1994), "A Theory of Conformity," *Journal of Political Economy*, Vol. 102, No.

5, pp. 841-877.

Bittman, M., England P., Sayer L., Folbre N. and Matheson G. (2003), "When Does Gender Trump Money? Bargaining and Time in Household Work," *American Journal of Sociology*, Vol. 109, No. 1, pp. 186-214.

Blair, S. L. and Lichter, D. T. (1991), "Measuring the Division of Household Labor: Gender Segregation of Housework among American Couples," *Journal of Family Issues*, Vol. 12, No. 1, pp. 91-113.

Brambor, T., William, R. C. and Golder, M. (2006), "Understanding Interaction Models: Improving Empirical Analysis," *Political Analysis*, Vol. 14, No. 1, pp. 63-82.

Brines, J. (1994), "Economic Dependency, Gender, and the Division of Labor at Home," *American Journal of Sociology*, Vol. 100, No. 3, pp. 652-688.

Byrne, P. J., Capps, O. Jr., and Saha, A. (1998), "Analysis of Quick-serve, Mid-scale, and Up-scale Food Away from Home Expenditure," *International Food and Agribusiness Management Review*, Vol. 1, No. 1, pp. 51-72.

Cartwright, E. (2009), "Social Norms: Does It Matter Whether Agents Are Rational or Boundedly Rational?" *Journal of Socio-Economics*, Vol. 38, pp. 403-410.

Cherry, R. (1998), "Rational Choice and the Price of Marriage," *Feminist Economics*, Vol. 4, No. 1, pp. 27-49.

千田亮吉・塚原康博・山本昌弘編 (2010),『行動経済学の理論と実証』勁草書房。

Cohen, P. N., (1998), "Replacing Housework in the Service Economy: Gender, Class, and Race-Ethnicity in Service Spending," *Gender and Society*, Vol. 12, No. 2, pp. 219-231.

Cunningham, M. (2005) "Gender in Cohabitation and Marriage: The Influence of Gender Ideology on Housework Allocation over the Life Course," *Journal of Family Issues*, Vol. 26, No. 8, pp. 1037-1061.

Davis, B. J. (2006), "Social Identity Strategy in Recent Economics," *Journal of Economic Perspective*, Vol.13, No.3, pp.371-390.

Davis, B. J. (2007), "Akerlof and Kranton on Identity in Economics: Inverting the Analysis," *Cambridge Journal of Economics*, Vol. 31, pp. 349-362.

Elster, J. (1989) "Social Norms and Economic Theory," *Journal of Economic Perspective*, Vol. 3, No. 4, pp. 99-117.

England, P. (2011), "Missing the Big Picture and Making Ado about Almost Nothing: Recent Scholarship on Gender and Household Work," *Journal of Family Theory & Review*, Vol. 3, pp. 23-26.

Evertson, M. and Nermo, M. (2004), "Dependence within Families and the Division of Labor: Comparing Sweden and the United States," *Journal of Marriage and Family*, Vol. 66, No. 5, pp. 1272-1286.

Fine, B. (2009), "The Economics of Identity and the identity of Economics?" *Cambridge Journal of Economics*, Vol. 33, pp. 175-191.

Fuwa, M. (2004), "Macro-Level Gender Inequality and the Division of Household Labor in 22 Countries," *American Sociological Review*, Vol. 69, No. 6, pp. 751-767.

Greenstein, T. N. (1996), "Husbands' Participation in Domestic Labor: Interactive Effects of Wives' and Husbands' Gender Ideologies," *Journal of Marriage and Family*, Vol. 58, No. 3, pp. 585-595.

Greenstein, T. N. (2000), "Economic Dependence, Gender, and the Division of Labor in the

Home: A Replication and Extension," *Journal of Marriage and Family*, Vol. 62, No. 2, pp. 322-335.
Greenwood, J., Seshadri, A. and Yorukoglu, M. (2005), "Engines of Liberation," *Review of Economic Studies*, Vol.72, pp.109-133.
Gronau, R. (1976), "The Allocation of Time of Israeli Women," *Journal of Political Economy*, Vol. 84, No. 4, pp. S201-S220.
Gronau, R. (1977), "Leisure, Home Production, and Work-the Theory of the Allocation of Time Revised," *Journal of Political Economy*, Vol. 85, No. 6, pp. 1099-1123.
Gupta, S. (2006), "Her Money, Her Time: Women's Earnings and Their Housework Hours," *Social Science Research*, Vol.35, pp. 975-999.
Gupta, S. (2007), "Autonomy, Dependence, or Display? The Relationship between Married Women's Earnings and Housework," *Journal of Marriage and Family*, Vol. 69, No. 2, pp. 399-417.
Gupta, S. (2009), "Housework, Earnings, and Nation: A Crossnational Investigation of the Relationship between Women's Earnings and Their Time Spent on Housework," SADRI Working Paper, Amherst: The Social and Demographic Research Institute, University of Massachusetts, pp. 1-39.
Gupta, S. and Ash M. (2008), "Whose Money, Whose Time? A Nonparametric Approach to Modeling Time Spent on Housework in the United States," *Feminist Economics*, Vol. 14, No. 1, pp. 93-120.
Huettel, S. A. and Kranton R. E. (2012), "Identity Economics and the Brain: Uncovering the Mechanisms of Social Conflict, *Philosophical Transactions of Royal Society Biological Sciences*, No. 367, pp. 680-691.
石井クンツ昌子（2004），「共働き家庭における男性の家事参加」渡辺秀樹・稲葉昭英・嶋崎尚子編『現代家族の構造と変容　全国家族調査（NFRJ98）による計量分析』東京大学出版会，pp. 201-214。
Jekanowski, M. D., Binkley, J. K., and Eales, J. (2001), "Convenience, Accessibility, and the Demand for Fast Food," *Journal of Agricultural and Resource Economics*, Vol. 26, No. 1, pp. 58-74.
Kamo, Y. (1994), "Division of Household Work in the United States and Japan," *Journal of Family Issues*, Vol. 15, No. 3, pp. 348-378.
Kan, M. Y. (2008), "Does Gender Trump Money? Housework Hours of Husbands and Wives in Britain," *Work, Employment and Society*, Vol. 22, No. 1, pp. 45-66.
Killewald, A. (2011), "Opting Out and Buying Out: Wives' Earnings and Housework Time," *Journal of Marriage and Family*, Vol.73, No.2, pp.459-471.
Killewald, A. and Gough M. (2010), "Money Isn't Everything: Wives' Earnings and Housework Time," *Social Science Research*, Vol. 39, pp. 987-1003.
Leeds, M. A. and von Allmen, P. (2004), "Spousal Complementarity in Home Production," *American Journal of Economics and Sociology*, Vol. 63, No. 4, pp. 795-811.
Lindbeck, A. (1995), "Welfare State Disincentives with Endogenous Habits and Norms," *Scandinavian Journal of Economics*, Vol. 97, No. 4, pp. 477-494.
Lindbeck, A., Nyberg, S. and Weibull, J. W. (1997), "Incentives and Social Norms in Household Behavior," *American Economic Review*, Vol. 87, No. 2, pp. 370-377.
Lindbeck, A. and Snower, D. J. (1988), "Social Norms, the Welfare State, and Voting,"

Seminar Paper, No.608, Stockholm: Institute for International Economic Studies, Stockholm University, pp. 1-29.

Lundberg, S. and Pollak, R. A. (1993), "Separate Spheres Bargaining and the Marriage Market," *Journal of Political Economy*, Vol. 101, No. 6, pp. 988-1010.

前田広寛 (2008),「重回帰分析の応用的手法——交互作用項ならびに統制変数を含む分析」『比治山大学短期大学部紀要』第43号, pp. 69-73。

Manser, M. and Brown, M. (1980), "Marriage and Household Decision-Making: A Bargaining Analysis," *International Economic Review*, Vol. 21, No. 1, pp. 31-44.

松田茂樹 (2004),「男性の家事・育児参加——家事参加を規定する要因」渡辺秀樹・稲葉昭英・嶋崎尚子編『現代家族の構造と変容 全国家族調査 (NFRJ98) による計量分析』東京大学出版会, pp. 175-189。

松田茂樹 (2005),「男性の家事・育児参加と女性の就業促進」橘木俊詔編著『現代女性の労働・結婚・子育て 少子化時代の女性活用政策』ミネルヴァ書房, pp. 127-146.

松田茂樹 (2006),「近年における父親の家事・育児参加の水準と規定要因の変化」『季刊家計経済研究』第71号, pp.45-54.

McElroy, M. B. and Horney M. J. (1981), "Nash-Bargained Household Decisions: Towards A Generalization of the Theory of Demand," *International Economic Review*, Vol. 22, No. 2, pp. 333-349.

永井暁子 (2004),「男性の育児参加」渡辺秀樹・稲葉昭英・嶋崎尚子編『現代家族の構造と変容 全国家族調査 (NFRJ98) による計量分析』東京大学出版会, pp. 190-200。

内閣府男女共同参画局編 (2013),『平成25年版男女共同参画白書』。

内閣府経済社会総合研究所国民経済計算部編 (2013),『国民経済計算年報 平成25年版』。

Nayga, R. M. and Capps, O. Jr., (1994), "Impact of Socio-Economic and Demographic Factors on Food Away from Home Consumption: Number of Meals and Type of Facility," *Journal of Restaurants & Foodservice Marketing*, Vol. 1, No. 2, pp. 45-69.

Nelson, J. A. (1995), "Feminism and Economics," *Journal of Economic Perspectives*, Vol. 9, No. 2, pp. 131-148.

Norton, E. C., Hua W. and Ai, C. (2004), "Computing Interaction Effects and Standard Errors in Logit and Probit Models," *Stata Journal*, Vol. 4, No. 2, pp. 154-167.

Oropesa, R. S. (1993), "Using the Service Economy to Relieve the Double Burden: Female Labor Force Participation and Service Purchases," *Journal of Family Issues*, Vol. 14, No. 3, pp. 438-473.

Park, J. L., Holcomb, R. B., Raper, K. C., and Capps, O. Jr., (1996), "A Demand Systems Analysis of Food Commodities by U.S. Households Segmented by Income," *American Journal of Agricultural Economics*, Vol. 78, pp. 290-300.

Parkman, A. M. (2004), "Bargaining over Housework: The Frustrating Situation of Secondary Wage Earners," *American Journal of Economics and Sociology*, Vol. 63, No. 4, pp. 765-794.

Ross, C. E. (1987), "The division of Labor at Home," *Social Forces*, Vol. 65, No. 3, pp. 816-833.

Stewart, H., Blisard, N., Bhuyan, S., and Nayga, R. M. Jr., (2004), "The Demand for Food Away From Home: Full-Service or Fast Food?," Agricultural Economic Report 829, Washington, D.C.: Department of Agriculture, Economic Research Service.

Sullivan, O. (2011), "An End to Gender Display through the Performance of Housework? A Review and Reassessment of the Quantitative Literature Using Insights from the

Qualitative Literature," *Journal of Family Theory & Review*, Vol. 3, pp. 1-13.

橘木俊詔編著（2005），『現代女性の労働・結婚・子育て　少子化時代の女性活用政策』ミネルヴァ書房。

Ueda, A. (2005), "Intrafamily Time Allocation of Housework: Evidence from Japan," *Journal of the Japanese and International Economies*, Vol. 19, No. 1, pp. 1-23.

Usdansky, M. L. and Parker W. M. (2011), "How Money Matters: College, Motherhood, Earnings, and Wives' Housework," *Journal of Family Issues*, Vol. 20, No. 10, pp. 1-25.

Yen, S. T., (1993), "Working Wives and Food away from Home: The Box-Cox Double Hurdle Model," *American Journal of Agricultural Economics*, Vol. 75, pp. 884-895.

渡辺秀樹・稲葉昭英・嶋崎尚子編（2004），『現代家族の構造と変容　全国家族調査（NFRJ98）による計量分析』東京大学出版会。

渡辺深（2008），「新しい経済社会学の概念枠組」渡辺深編『新しい経済社会学　日本の経済現象の社会学的分析』序章，上智大学出版会，pp. 1-35。

渡辺深編（2008），『新しい経済社会学　日本の経済現象の社会学的分析』上智大学出版会。

索　引

【アルファベット】

Guptaの自治仮説　64, 72, 75, 77, 84, 86
Hausman検定　72, 84, 86
JGSS　41, 61
JPSC　15, 16, 24, 39, 41, 62, 63, 67, 68, 74, 76, 78, 88, 90, 92, 95
Killewald and Goughの自治仮説　64, 74, 75, 77, 84, 86
NFRJ03　14
NFRJ98　13, 14

【あ】

アイデンティティ　4-11, 98
　――経済学　1, 4, 17, 23, 39, 62, 76, 115-117, 127, 5
　――脳神経経済学　6
　――の損失　6
　――の利得　6
　――・モデル　4
アップ・スケール　43, 44
一元配置分散分析　99, 112, 114
一体感　1, 7, 9, 10

【か】

懐疑論　63, 65
外食　41, 42, 43, 44, 45, 46, 47, 48, 49, 50, 51, 52, 54, 56, 57, 59, 60
階層線形モデル（HML）　13
外部性　7
家事生産　118, 119
　――アプローチ　41, 117, 118, 126
　――関数　119, 121
　――高　119, 120
過剰家事サービス　117, 118
家事労働　10-13, 16, 19-21, 27, 29-32, 37, 41, 42, 45, 63, 64, 66, 67, 69, 72, 73, 75, 79, 80, 83, 86, 87, 88, 92, 104, 105, 107, 109, 112-115, 117-121, 123, 126
　――行動　15-17, 19, 20, 22, 23, 32, 35, 37, 39, 41, 48, 62, 66, 74, 76, 88
　――代替財・サービス　18, 19, 22, 23, 26, 42, 59, 64, 80
仮想実験　98, 99
規範　3, 4, 8
クイック・サーヴ　43, 44
経済従属モデル　16
経済的取引仮説　15-17, 21-23, 62, 72, 74, 76, 77, 86, 88, 95, 96
経済的取引モデル　18, 19, 23
ゲーム理論　4, 7
原子化　1, 2
公益財団法人家計経済研究所　15, 39, 40, 41, 62, 75, 76, 89, 90, 96
行動規範　2, 3, 5-7, 10, 39, 98, 100
効用関数　3, 5
効用最大化　6, 11, 98
効用最大化行動　4
合理的　1, 4
　――選択理論　41, 117, 126
個人的アイデンティティ効用関数　6
固定効果モデル　63, 65, 72, 74, 86-88
コントロール変数　11, 12, 19, 22, 32, 35, 46, 49, 53, 57, 74, 77, 79, 85, 86, 92, 93, 95

【さ】

最小二乗法（OLS）　20, 35, 49, 65
シェッフェ法　113, 114
ジェンダー　5, 10, 39
　――・アイデンティティ　5, 98, 100, 102-104, 106, 107, 109-115
　――逸脱中立化　10
　――・カテゴリー　5
　――行動規範　10, 11, 23, 39, 64, 75, 88, 99, 105, 109, 115, 116, 127
　――・ディスプレイ　10, 19, 20, 62, 63, 65, 66,

134　索　引

　　　　68, 76, 115, 116, 117, 118, 120, 121, 123, 126, 127
　　──・ディスプレイ仮説　15-17, 19, 21-23, 32, 35, 37, 39, 62, 63, 65, 66, 68, 72, 74-77, 84, 86, 88, 94-96
　　──・ディスプレイモデル　17-19, 22, 23, 62, 64-66, 68, 98
　　──役割意識　93
　　──役割仮説　93
　　──役割分業　25, 79
　　──役割分業意識　11-13
時間制約仮説　74
時間制約説　25, 32, 35, 37, 46, 49, 79, 85, 86
自己イメージ　6, 10
自己確認　8
自治　20
　　──仮説　15, 21, 23, 32, 35, 37, 39, 41, 53, 54, 56, 57, 62, 63, 66, 74-76, 88
　　──モデル　22, 23, 41, 42, 48, 49, 54, 57, 65
私的規範　3
社会的アイデンティティ　2
社会的カテゴリー　1, 4, 6, 7, 10, 39
社会的慣習　3
社会的規範　1, 2, 3, 4, 7, 11, 11
社交　2
承認　2
消費生活に関するパネル調査　40, 75, 89, 90, 96
消費生活に関するパネルデータ　41, 62, 76
消費に関するパネルデータ　15, 39
自律的　1
スプライン関数　65, 67, 73, 77, 84
政策的インプリケーション　15, 16, 23, 39, 42, 60, 75, 76, 89, 116, 127
政府の役割　23
性別役割イデオロギー説　14
性別役割規範　57, 61
性別役割分業　46, 47, 61
性別役割分業意識　14, 39, 48, 51
勢力　2
絶対的所得　15, 18-25, 27, 32, 35, 37, 39, 62-69, 72, 73, 75, 77, 78, 84-86
　　──モデル　18
是認　2
相互行為　2, 10

相対的資源仮説　16
相対的所得　15, 16, 18-25, 27, 28, 30, 32, 35, 37, 39, 62, 65, 67, 68, 70, 72, 75, 77, 79, 84, 86, 88, 96
　　──モデル　18

【た】

対応のある平均値の差　126
　　──の検定　123, 125
対等でない結婚　117
多重比較　99, 113, 114
単純傾斜　46, 51, 52, 54, 56, 57, 59
男女間賃金格差　23
男性主権的な結婚　117, 118
地位　2
中食　41, 42, 44-49, 51, 53, 54, 56, 57, 59, 60
賃金率　119
同一価値労働同一賃金原則　23
同調　8, 10, 105, 109
トービット・モデル　10, 14, 32-34, 49, 58, 91, 94, 95, 97
共稼ぎ夫婦　15, 16, 20, 39, 41, 59, 62, 76, 92, 98, 112, 115-117, 123, 126, 127

【な】

内部化　7, 8, 10
ニーズ説　93, 95
日本版総合的社会調査　41, 61
認知不協和　10

【は】

バーゲニングモデル　16
パネルデータ　62, 63, 68, 74, 76, 78, 91
パネル分析　20
非承認　2
不安　7, 9, 10
フェミーナ・エコノミーア　11
フル・サービス　43
プロトタイプ・モデル　6, 7
変量効果モデル　72-74, 84-88
補償的ジェンダー・ディスプレイ　10, 65
ホモ・エコノミカス　1-4, 11
ホモ・ソシオロジカス　1, 2

【ま】

ミッド・スケール　43, 44
明治大学社会科学研究所　116, 118, 122, 127
　　——総合研究　99

【や】

有償労働　10
夕食準備　41, 42, 45-50, 52-61

【ら】

利己心　1, 3
利己的　1
ロビンソン・クルーソー　2
ワーク・ライフ・アンバランス　60, 75, 88
ワーク・ライフ・バランス　23, 40

著者略歴

安藤　潤（あんどう・じゅん）

1968年大阪府生まれ。1988年早稲田大学政治経済学部経済学科卒業。2000年早稲田大学大学院経済学研究科応用経済学専攻経済政策専修単位取得満期退学。財団法人国際通信経済研究所嘱託研究員，ハインリッヒ・ハイネ大学デュッセルドルフ客員研究員，コーネル大学客員研究員などを経て，現在，新潟国際情報大学国際学部准教授。専門は経済政策，防衛経済学，家計経済学。（主要業績）松本保美ほか（2014）『少子・高齢化と日本経済』文眞堂，Ando, J. (2015) "Social Norms, Gender Identity, and High-Earning Wives' Housework Behavior in Japan: An Identity Economics Framework," *Japanese Political Economy*, Vol. 41, No. 1-2, pp. 36-51. など。

アイデンティティ経済学と共稼ぎ夫婦の家事労働行動
―理論，実証，政策―

2017年2月28日　第1版第1刷発行　　　　　　　　　　検印省略

著　者　安　藤　　　潤

発行者　前　野　　　隆

発行所　株式会社　文　眞　堂
東京都新宿区早稲田鶴巻町533
電話　03（3202）8480
FAX　03（3203）2638
http://www.bunshin-do.co.jp
郵便番号(162-0041)振替00120-2-96437

印刷・モリモト印刷　　製本・イマキ製本所
Ⓒ 2017
定価はカバー裏に表示してあります
ISBN978-4-8309-4924-1　C3033